AF550560

Sefora Nelson

Denn du hörst mich

Über die Autorin

Sefora Nelson ist Liedermacherin, Sängerin, Theologin, Ehefrau und Mutter und aus der christlichen Musikszene nicht mehr wegzudenken. Bisher hat sie in mehreren Ländern gelebt. Auf ihren Konzerten beglückt und inspiriert sie ihre Hörer, mal schwäbisch witzig, mal unglaublich tief – aber immer echt: mit ihren Liedern und mit persönlichen Geschichten, die von Herzen kommen und unter die Haut gehen. Bei Gerth Medien hat sie bereits mehrere Soloalben und das Buch „Denn du bist bei mir" veröffentlicht. Sefora Nelson lebt mit ihrem Mann Keith und ihren beiden Kindern im Raum Stuttgart.

www.seforanelson.com

SEFORA NELSON

DENN DU HÖRST MICH

IM *Vaterunser*
GOTTES LIEBE NEU ENTDECKEN
UND INNERLICH HEIL WERDEN

GerthMedien

Vater unser im Himmel,
geheiligt werde dein Name.
Dein Reich komme,
dein Wille geschehe
wie im Himmel, so auf Erden.
Unser tägliches Brot gib uns heute.
Und vergib uns unsere Schuld,
wie auch wir vergeben unseren Schuldigern.
Und führe uns nicht in Versuchung,
sondern erlöse uns von dem Bösen.
Denn dein ist das Reich
und die Kraft
und die Herrlichkeit,
in Ewigkeit.
Amen

Inhalt

Vorwort

Das Vaterunser ist eines der bekanntesten Gebete unter Christen. Es wird weltweit gebetet, von Angehörigen vieler Konfessionen – in Gottesdiensten, gemeinsamen Andachten, allein in der Stille, aber auch in Notsituationen.

Ich selbst bin in einer Freikirche groß geworden und bin mit der Tradition, regelmäßig das Vaterunser zu beten, dort nicht vertraut gemacht worden. Ja, es wurde mir beigebracht, genau das nicht zu tun: ein Gebet nachzuplappern. Das freie Beten sei das Richtige, Gott sagen, was man wirklich sagen möchte. So hatte ich immer, wenn ich das Vaterunser hörte oder las, das Gefühl: An dem Gebet stimmt etwas nicht. Peinlich war es dann, wenn ich in einem Gottesdienst in einer anderen

Kirchengemeinde gefühlt die Einzige war, die das Vaterunser nicht auswendig beten konnte.

Doch was steckt hinter diesem Gebet, das über die Jahrhunderte schon so viele Menschen gebetet haben – dem Gebet, das Jesus einst seinen Jüngern beigebracht hat? Warum hat Jesus *genau diese* Worte gewählt und keine anderen? Warum fehlt der Dank in dem Gebet komplett, und was genau bedeutet: „geheiligt werde dein Name"? Ist uns eigentlich bewusst, mit wem wir reden, wenn wir beten? Ich meine, so *wirklich* bewusst?

Das Vaterunser ist so bekannt, dass wir leicht versucht werden, auf Autopilot zu schalten, wenn wir es beten. Wir hoffen dann vielleicht, dass wir mit den richtigen Worten (wie können sie auch falsch sein, wenn sie von Jesus selbst kommen?) irgendeine Wirkung bei Gott erzielen können. Wir sprechen es, wie man eine Formel verwendet, um eine Gleichung zu lösen …

Haben wir vielleicht noch nie wirklich verstanden, was dieses Gebet bedeutet? Wenn wir es wüssten, könnten wir das Vaterunser dann beten – und unverändert weiterleben? Oder würden wir es dann gar nicht mehr beten, weil wir erkannt hätten, dass diese Worte das Kontrastprogramm zu unserem Leben sind?

Es fasziniert mich, bekannten Texten aus der Bibel auf den Grund zu gehen, zu entdecken, welche Schätze darin verborgen liegen. Und in den Worten, die Jesus im Matthäusevangelium formuliert, liegen große Schätze. Aber es geht nicht um die Worte selbst, sondern um viel mehr: um meine Beziehung zu Gott, meine Gotteskindschaft. Um Anbetung, Vertrauen, den Kampf mit Versuchungen und Vergebung. Kann ich Gott wirklich in allen Lebenslagen vertrauen? Wann habe ich Gott das letzte Mal um Vergebung gebeten oder mich bei Menschen für meine Fehler entschuldigt?

Das Vaterunser kann uns vielleicht neu Augen und Herzen öffnen: für Gott, für sein Wesen, für seine Beziehung zu uns. Vor allem aber für seine unendliche große Liebe zu uns – zu mir.

Beten ist ein Geheimnis. Und doch so einfach. Es ist Kommunikation zwischen echten Freunden. Wie ist meine Beziehung zu Gott? Kann ich ihn „Vater“ nennen? Kann ich es kaum erwarten, bis ich meine Erlebnisse des Tages, meine Emotionen, Erwartungen und Enttäuschungen mit ihm besprechen kann? Oder ist Funkstille zwischen uns und wir leben eher nebeneinanderher?

Ich wünsche mir eine Erneuerung meines Gebetslebens und meiner Beziehung zu Gott, meinem Vater.

Eine Revolution. Sie auch? Ich möchte mich nicht zufriedengeben mit routinierten Morgen- und Abendgebeten und ein paar Notrufen zwischendurch. Ich möchte eine lebendige Beziehung zu meinem Schöpfer haben.

Jesus beginnt sein Gebet mit „Unser Vater". Er lädt uns damit ein, ihn kennenzulernen. Vielleicht zum allerersten Mal. Er, der mich durch und durch kennt und tiefer liebt, als es je ein Mensch tun könnte, hört mir mit voller Aufmerksamkeit und Anteilnahme zu. Er kennt meine Sehnsüchte, meine Wünsche, meinen Schmerz und wendet sich mir mit ganzer Hingabe zu.

In diesem Buch möchte ich dem Geheimnis des Vaterunsers Vers für Vers auf die Spur kommen. Kommen Sie mit auf eine Reise durch das „Gebet der Gebete", und lernen Sie dabei auch Sepp und Theo sowie meine Familie ein bisschen näher kennen …

Sefora Nelson

Das Gebet

Die Perlenkette im Flieger und andere Beobachtungen

Kann man beten lernen? Ich meine, so richtig gut darin werden? Sich gar ein Gebetsabzeichen verdienen?

Ich sitze im Flieger in Richtung Frankreich. Ein paar Mal habe ich schon den Platz gewechselt, denn ich fliege heute solo, während andere als Gruppe oder Paar unterwegs sind. Ich beobachte die Frau am Gang neben mir. Sie hat eine Hand auf ihr Herz gelegt und starrt regungslos vor sich hin. Ich lehne mich zu ihr hinüber, berühre leicht ihre Schulter und stelle die etwas unpassende Frage: „Ist alles okay?"

„J'ai peur" (ich habe Angst), stottert sie auf Französisch und schiebt ein gequältes Lächeln hinterher. „Ich bleibe auf meinem Platz, gehe nirgendwo anders hin, das können Sie mir glauben!"

Ja, wo sollte sie auch hingehen in diesem winzigen Flugzeug? Auf einmal kramt die Frau nervös in der Tasche, zieht eine Kette mit Holzperlen und einem Kreuz hervor und legt sie sich ein paar Mal ordentlich um die linke Hand. Ein Rosenkranz! Sie betet – und das, während sie durch die Flugzeitschrift blättert! Die Dame scheint sich beruhigt zu haben. Und ich denke: Hm, irgendwie praktisch, solche Perlen. Sie haben ihr das Beten abgenommen. Die Hand, die vor fünf Minuten noch auf ihrem Herz ruhte, ist nun frei zum Blättern.

Manche Leute beten richtig oft. Eine Freundin von mir macht seit Jahren jeden Morgen einen Gebetsspaziergang, leitet dienstagabends den Gebetsabend in der Kirchengemeinde und trifft sich zusätzlich donnerstagmorgens mit anderen Müttern – zum Gebet. „Warum betest du so viel?", habe ich sie einmal gefragt. „Du singst, ich bete, Sefora. Das ist meine Berufung."

Manche Leute beten eindrücklich. Vor Jahren war ich zu einem großen internationalen Gebetstreffen in Chicago eingeladen. Nacheinander standen Menschen auf und beteten für ihr Land, für die weltweite Gemeinde, für Pastoren, Politiker … Ich erinnere mich an kein einziges der Gebete – außer an eines. Eine Frau aus Afrika, so ließ es jedenfalls ihr Akzent vermuten, war aufgestanden, und als sie das Wort ergriff, veränderte sich die Atmosphäre im Raum auf einen Schlag. Ich konnte meine Augen nicht geschlossen halten; ich musste diese Frau sehen. Dummerweise bin ich kurzsichtig und konnte sie nur irgendwo in der Menge vermuten. Was für eine Autorität, was für eine Wortwahl! Und dann diese Leidenschaft! Immer wieder zitierte sie Bibelstellen: „Herr, in deinem Wort hast du versprochen, dass … und nun wollen wir uns auf dein Versprechen berufen, dass du …" Es war einfach gewaltig, und ich bin mir sicher, noch heute kann man in diesem Raum feine Risse in den Wänden sehen, von dem Tag, als diese Frau dort gebetet hat. Ich glaube, nach ihrem Gebet ist niemand mehr aufgestanden.

Nach einem mehrtägigen Einsatz auf einer Konferenz in Norditalien bat der Pastor eine Frau nach vorne, um mich für meinen Dienst zu segnen und für meine Familie zu beten. Kaum hatte sie die ersten Worte gesprochen, musste ich weinen. Können Sie sich das vorstellen? Die Tränen plumpsten regelrecht aus meinen geschlossenen Augen, als ich da vor allen auf der Bühne stand. Dabei war ich weder traurig noch übermäßig glücklich, eher dankbar, dass ich meinen Einsatz gut gemeistert hatte. Es war, als ob alles in mir schmelzen würde. Es fühlte sich an, als wäre ich in diesem Augenblick komplett ummantelt von Gottes Liebe. Was für eine Kraft lag in ihren Worten! Ich kann mir gut vorstellen, dass Gott genau in diesem Moment seinen himmlischen Harfenspielern eine Pause verordnet hat und aufmerksam in Richtung Norditalien lauschte …

Manche wiederum beten ganz einfach und doch offensichtlich erfolgreich. Nati, das ist die Abkürzung für unseren Sohn Nathanael, konnte bis zum dritten Lebensjahr nicht sprechen. Doch, ein Wort konnte er: „No!" Das versteht jeder Italiener, Amerikaner und die Deutschen auch. No! Was mussten wir uns anhören von anderen besorgten Eltern und Großeltern! Den Burschen müsste man mal durchchecken lassen, das kann doch nicht sein, hat nur zwei Buchstaben drin … Nicht lange nach seinem dritten Geburtstag hat Nati sein Vokabular erfolgreich erweitert, und wir Eltern konnten endlich aufatmen. Da waren doch tatsächlich eine ganze Reihe Worte in ihm vergraben. Kein Jahr später hatte er auch die Beißerei im Kindergarten eingestellt und konnte sich ordentlich mit seinen Freunden unterhalten. Nur noch die inzwischen verblassten Bisswunden an den Beinen und Armen der Kinder und Erzieher zeugen noch von seiner frustbeladenen, wortlosen Phase – von der Zeit, als die Worte zwar in ihm waren, aber nicht rauswollten. Und dann wollte er beten. Ganz allein. Für seine Schwester Gabi, die mit Bauchweh im Bett lag. Wir Eltern mussten aus dem Zimmer gehen und er schloss hinter sich die Tür. Es schien ihm eine ganz private Angelegenheit zu sein. Wieder mal konnte ich es mir nicht verkneifen und presste mein Ohr fest an die Kinderzimmertür. Was sagte der Junge denn? Als er kurze Zeit später kommentarlos an uns vorbeilief und zum Legospielen in sein Zimmer ging, mussten wir seiner Schwester diese Frage stellen: „Hat er dir die Hand auf den Bauch gelegt? Was hat er denn genau gesagt?"

„Er hat einfach Gott gebeten, mir das Bauchweh wegzumachen", antwortete sie knapp.

Ich war erstaunt. Wir hatten ihm nie formell beigebracht, wie man für Kranke betet. Er hat es einfach getan. Noch erstaunter war ich, als das Bauchweh tatsächlich verschwunden war. Gabi und ich lachten uns ungläubig an. Ich musste es Nati erzählen. Sicher würde er ganze Legobauklötze staunen, wenn er diese gute Neuigkeit hören würde. Doch wieder einmal blieb das Staunen mir überlassen, denn er schien nicht im Geringsten überrascht zu sein. Er hatte schließlich gebetet!

Ich kann die Jünger verstehen. Sie wollten wissen, wie das mit dem Beten funktioniert. Wie man es *richtig* macht. Wie oft hatte sich ihr Meister Jesus in aller Herrgottsfrühe aus dem Staub gemacht oder blieb extra länger an einem Ort zurück, damit er alleine beten konnte. Manchmal durften sie auch dabei sein und ihn laut mit seinem Vater sprechen hören. Als er dem Sturm gebot, zum Beispiel. Oder als er den Feigenbaum in null Komma nichts verdorren ließ. Ich meine, das waren doch nicht nur *Worte*! Sein Gebet hatte eine enorme Kraft. Als den Jüngern während des Feigenbaumgebetes fast die Kinnlade runtergeklappt war, sagte Jesus ihnen, dass sie noch viel Größeres als das tun könnten. – Ob sie es in seiner Abwesenheit mal heimlich bei einem Mandarinenbaum probiert haben …?

Als Jesus am nächsten Morgen nach Jerusalem zurückkehrte, hatte er Hunger. Am Wegrand sah er einen Feigenbaum. Er ging hin, fand aber nichts als Blätter an ihm. Da sagte Jesus zu dem Baum: „Du sollst in Zukunft nie wieder Feigen tragen!" Im selben Augenblick verdorrte der Baum.

Als die Jünger das sahen, fragten sie erstaunt: „Wie

kommt es, dass der Feigenbaum so plötzlich vertrocknet ist?"

Jesus erwiderte: „Ich versichere euch: Wenn ihr Gott vertraut und nicht zweifelt, könnt ihr noch mehr als das tun. Ihr könnt sogar zu diesem Berg sagen: ‚Hebe dich von der Stelle und stürze dich ins Meer!', und es wird geschehen. Ihr werdet alles bekommen, wenn ihr Gott im Glauben darum bittet."
Matthäus 21,18–22; Hfa

Wenn die Jünger ganz ehrlich waren, fühlten sie sich in Sachen Gebet wie Grundschüler. Wie absolute Anfänger. Dabei saßen sie doch an der Quelle! Der, der mit Kraft und Autorität zu Gott betete, war ihr Meister!

Lag es an seiner Körperhaltung? An seinem Auftreten? An seiner Stimme? Oder an seiner besonderen Begabung fürs Beten? Heimlich guckten die Jünger sich um; schauten, wie andere beteten. Doch dann lösten die Schriftgelehrten Komplexe bei ihnen aus. Wie die schon gekleidet kamen, mit ihren Gebetsschals und Gebetsriemen! Diesen Profibetern gingen scheinbar nie die Worte aus. Und was sie formulierten, klang so gebildet!

Ich frage mich: Mit welchen Worten lassen sich meine Gebete, mein Gebetsleben beschreiben? Wer sind meine Vorbilder im Gebet? Vielleicht kann ich mir ja bei Menschen wie der afrikanischen Frau oder meinem Sohn etwas abgucken …

Was Beten *nicht* ist

Vom Applaus für Heuchler und einer Stunde Schlaf

Als Jesus die Menschen beschrieb, die es lieben, sich beim Beten in der Öffentlichkeit zu präsentieren, um von möglichst vielen Menschen gesehen zu werden, wussten die Jünger sofort, wen er meinte. Aber wie konnte er diese Pharisäer nur Heuchler nennen? Sie waren doch so perfekt, so heilig, so richtig. Sie schienen doch immer eine Antwort zu haben und waren doch wirklich fromm!

Jesus hätte doch auch sagen können: „Ist doch wunderschön, was sie tun, Gott freut sich darüber. Sie sind so fleißige Kirchgänger …"

Heuchler. Sie haben das, was sie suchen, schon bekommen: Ehre von Menschen. Aber mit Gott hat das nichts zu tun. „Macht es nicht wie sie", warnt Jesus seine Jünger in Matthäus 6,5.

Das deutsche Wort „Heuchler" wurde in der klassischen griechischen Sprache ganz wertneutral für „Schauspieler mit Maske auf der Bühne" genutzt. Im Neuen Testament bekam dieser Begriff später einen negativen Beigeschmack: wie die Wahrheit, die maskiert wird.

Ich stelle mir vor, wie es wäre, wenn Keith mit mir zu Hause kein Wort reden würde, aber sobald wir in der Öffentlichkeit sind, wo genügend Leute uns sehen können, lautstark verkünden würde: „Oh, wie ich dich liebe, Sefora! Ich denke immer an dich! Hier, eine Kette mit einem passenden Armband. Für dich gekauft - aus reinem Gold!" Mit theatralisch ausladender Geste würde er mir – immerzu in Richtung der umstehenden Menschen schielend – die Kette anlegen. Tosender Applaus und ein Raunen der Bewunderung würden durch die Reihen gehen. Und dann würde er sagen: „So, meine Liebste, ich bringe dich jetzt in ein feines Restaurant. Für dich scheue ich weder Kosten noch Mühen. Es geht um dich, allein um dich!" Schmachtend würden die umstehenden Frauen vor Neid eine Träne vergießen. Oder sich fragen, was ich mit meinem Mann gemacht habe, dass er mich derart vergöttert.

Ich bin mir nicht sicher, ob ich in solch einem Moment ein natürliches Lächeln zustande brächte. Heuchler!

Ich drehe meinen imaginären Film weiter: Keith würde mir galant die Autotür öffnen und mir laut Komplimente machen, die ich von ihm zu Hause noch nie gehört habe. Auf der Fahrt in Richtung Restaurant würde er mehr Zeit damit verbringen, den Menschen lächelnd zuzuwinken und seine Frisur im Spiegel zu betrachten, als mir Aufmerksamkeit zu schenken. Sobald die Zuschauer nicht mehr in Winkweite sind, würde er schweigend nach vorne sehen, seinen Anzug glätten und über einen Umweg unbeobachtet wieder nach Hause fahren, in der Tiefgarage parken und mich im Auto vergessen …

Grausam, oder? Einem Mann, der so handelt, geht es nicht um seine Frau, sondern nur um sich selbst und seine Ehre. Seine Angetraute wird lediglich dafür benutzt. Ich frage mich: Stehen wir nicht alle irgendwo in der Gefahr, zum Heuchler zu werden, beispielsweise, wenn wir im Gottesdienst sitzen und Bibelverse zitieren oder Loblieder auf Gott singen, während alle um uns herum uns hören können? Geht es uns wirklich immer ausschließlich um Gottes Ehre?

Zeig mir mein Herz

Ich war doch so ehrlich, so weise, so einsichtsvoll,
als ich mich entschied zu gehn.
Die Gründe dafür warn eindeutig und eindrucksvoll.
Doch was hat mich bewogen, diesen Weg zu gehen?
Trieb mich nicht der Stolz in mir,
heut an diesem Ort zu stehn?

Zeig mir mein Herz, hilf mir, mich selbst zu sehn.
Zeig mir mein Herz, nur zu oft weiß ich selbst
nicht genau den wahren Grund.

Ich war doch so freundlich,
zuvorkommend, hilfsbereit.
Niemand könnte das falsch verstehn.
Ich weiß, es zählt nicht, was man sagt,
sondern was man tut.

Doch was hat mich bewogen, diesen Weg zu gehen?
Trieb mich nicht die Angst in mir,
heut an diesem Ort zu stehn?

Ich war doch so fair, so integer, so rücksichtsvoll,
hab nicht nur mich selbst gesehn.
Ich war mir so sicher: Das ist es, das muss ich tun.
Doch was hat mich bewogen, diesen Weg zu gehen?
Trieb mich nicht die Gier in mir,
heut an diesem Ort zu stehn?

Manchmal sieht es aus, wie es nicht ist.

Text und Musik: Sefora Nelson

Gleich nachdem Jesus seinen Jüngern erklärt, wie Beten *nicht* geht, gibt er ihnen die richtige Antwort:

Du aber, wenn du betest, so geh in deine Kammer, und nachdem du deine Tür geschlossen hast, bete zu deinem Vater, der im Verborgenen ist, und dein Vater, der im Verborgenen sieht, wird es dir vergelten.
Matthäus 6,6; LU

Das Gebet ist ein Gespräch zwischen dir und deinem Vater. Also mach die Tür zu.

Wenn ein Mann seiner Frau einc Kette auf den Nachttisch legt, zusammen mit einer Karte, auf der er ihr seine Liebe erklärt – oder wenn er ihr Frühstück ans Bett bringt, ohne dass es die Kinder oder gar die Nachbarn mitbekommen, dann gewinnt er ihr Herz. Dann kann sie sehen, dass es ihm um sie geht und sonst um niemand anderes.

Ich bin mir ganz sicher, dass Jesus nichts gegen das Beten in der Öffentlichkeit hat. Selbst er hat – neben seinen privaten Gebetszeiten – regelmäßig mit seinen Jüngern gebetet: vor dem Essen, in der Synagoge, als er die Kranken heilte oder die Kinder segnete. Auch von der frühen Gemeinde lesen wir in der Apostelgeschichte, dass sie sich oft zum Beten getroffen haben (siehe Apostelgeschichte 12,12b). Ich glaube nicht, dass da jedes Gemeindemitglied eine eigene, abschließbare Kammer hatte … Gemeinsames Beten kann so erbauend sein, und Gott liebt es, wenn wir in seinem Namen zusammenkommen. „Denn wo zwei oder drei in meinem Namen versammelt sind, da bin ich mitten unter ihnen", verspricht er (in Matthäus 18,20; LU). Doch Gebet ist eben auch Teil einer intimen Zweierbeziehung – zwischen Gott und mir. Und damit diese Beziehung in die Tiefe wächst und fester wird, braucht es immer wieder die Zeiten, wo ich mit ihm allein bin und mich ganz auf ihn – und nur auf ihn – einlasse.

Da Keith nun seit gut dreizehn Jahren mit mir verheiratet ist, weiß er, dass ich mir weder viel aus Schmuck mache noch Krümel im Bett mag. Er würde mir also keine Kette und auch kein Frühstück im Bett schenken. Was er aber weiß, ist, dass mir eine Extrastunde Schlaf nach einer kurzen Konzertnacht viel bedeutet. Und obwohl er selbst nicht immer gut schläft und oft müde ist, ermöglicht er mir regemäßig, einfach abzutauchen und eine Runde (oder zwei) zu schlafen. Dann höre ich manchmal, wie er den Kindern zuflüstert: „Ihr müsst leiser sein, Mama schläft!" Und ich fühle mich unendlich geliebt!

Noch viel mehr als mein Mann weiß Gott, was ich brauche. Er kennt meine tiefsten Bedürfnisse und begegnet mir immer einfühlsam und liebevoll. So, wie ich es gerade benötige. Das berührt mein Herz immer wieder. Wenn ich mich in meine „Kammer“ zurückziehe und Zeit nur für ihn habe, wie sehr wird das erst sein Vaterherz berühren?

Warum bete ich? Was motiviert mich dazu? Worum geht es mir beim Beten *wirklich*? Ich möchte mich kritisch hinterfragen: Singe oder bete ich lieber im Gottesdienst beziehungsweise im Hauskreis, wo alle anderen mich hören können? Wie viel Wert lege ich auf das Gebet, wenn ich zu Hause allein in meinem Zimmer bin?

Der Antrag mit den Flaschendeckeln

Ich kenne einen siebenjährigen Jungen, dessen Identität ich auf seinen Wunsch hin hier geheim halten möchte. Doch seine Geschichte passt so klasse zum Thema, dass ich sie nicht auslassen will. Nennen wir ihn Tom. In Toms Leben gibt es eine wichtige Frage, die ihm immer wieder großes Kopfzerbrechen bereitet: Wenn er eines Tages die Frau seiner Träume kennenlernt, wie soll er ihr dann bitteschön sagen, dass er sie heiraten möchte? Mit welchen Worten macht man einen Antrag, damit er auch wirklich mit einem Ja beantwortet wird? Tom will wissen, wie Keith das gemacht hat, denn bei uns scheint es ja funktioniert zu haben … Tom hat die Sorge, dass, wenn er es nicht richtig formuliert, sie Nein sagen könnte, und das wäre ja unvorstellbar tragisch.

Vor ein paar Tagen kam Tom überaus glücklich zu uns. Er hatte einen genialen Einfall: Er wird den Ring zwischen zwei Flaschendeckeln verstecken, die er dann – Überraschung – wie eine Muschel öffnet. Und dann will er sie fragen: „Willst du mich heiraten?"

Ich fand die Idee großartig, denn es war seine ganz eigene Idee. Aber natürlich habe ich ihm auch erklärt, dass ohne eine Beziehung zu dem Mädchen die genaue Formulierung eines Heiratsantrags, die Flaschendeckel und – liebe Güte – selbst der Ring gar keinen Sinn machen. Im Moment ist das Mädchen für ihn ja nur eine imaginäre Person, von der er noch nicht mal weiß, ob sie blond oder dunkelhaarig, hell- oder dunkelhäutig sein wird. Statistisch betrachtet ist seine Zukünftige wahrscheinlich gerade im Kindergartenalter oder geht wie er in die Grundschule. Ein auswendig gelernter Heiratsantrag, den er sich von uns oder irgendwem anderes abgeguckt hat, hat einfach keinen Wert. Keiths Worte an mich sind ein Beispiel, ein Ausdruck *seiner* Liebe zu mir. Nun hoffe ich, dass Charlotte (oder wie auch immer Toms zukünftige Frau heißen wird) nicht irgendwann dieses Buch in die Hände bekommt, denn die Idee mit den Flaschendeckeln ist schon sehr originell und soll natürlich eine Überraschung bleiben …

Ob die Frage der Jünger auf derselben Ebene wie Toms Frage liegt? „Herr, sag uns doch, wie wir beten sollen!" (Lukas 11,1; Hfa). Kann es sein, dass sie im Grunde wissen wollten: „Wie formuliert man ein Gebet so, damit es wie bei dir klappt, Jesus? Welche Worte genau sollen wir verwenden, damit wir die Antwort bekommen, die wir uns wünschen? Kannst du uns den Trick zeigen?"

Aber Jesus bietet ihnen natürlich weder eine Formel noch irgendeinen „Geheimtipp" an. Er sagt:

Und wenn ihr betet, sollt ihr nicht viel plappern wie die Heiden; denn sie meinen, sie werden erhört, wenn sie viele Worte machen.
Matthäus 6,7; LU

Jesus wusste um den pantheistischen Götterglauben der Griechen und Römer seiner Zeit. Jeder dieser heidnischen Götter war für einen bestimmten Aspekt der Natur verantwortlich und hatte wie die Menschen auch seine Schwächen. Um den Zorn der Gottheiten zu vermeiden, versuchten die Heiden, sie zu beschwichtigen, indem sie lange Gebete an sie richteten. So glaubten sie, bekämen sie ihre Aufmerksamkeit und könnten die Götter von der Dringlichkeit ihres Gebetsanliegens überzeugen. Um ganz sicherzugehen, dass die jeweilige Gottheit sie auch wirklich erhört, wiederholten sie die Gebete immer wieder. Die Heiden glaubten auch, dass die Gebetsworte selbst eine magische Kraft hatten.

Jesus sah offenbar eine gewisse Gefahr, dass sich die Jünger von der Gebetspraxis der Römer inspirieren lassen könnten. Deshalb sagte er zu ihnen:

Macht es nicht wie sie, denn euer Vater weiß, was ihr braucht, und zwar schon bevor ihr ihn darum bittet.
Matthäus 6,8; NGÜ

Unser Vater im Himmel weiß, was wir brauchen. Er hat kein Interesse daran, dass wir viele Worte machen, wenn wir mit ihm reden. Er will weder beschwichtigt noch manipuliert werden. Oberflächliche Worte und Beschwörungsformeln rühren ihn nicht an, denn er möchte unser persönliches Gegenüber sein und wartet darauf, dass wir ihm unser Herz anvertrauen.

Manchmal vergessen wir beim Beten, mit wem wir reden. Mir passiert das vor allem beim routinierten Beten vor dem Essen oder wenn ich abends die Kinder ins Bett bringe. Schnell noch ein Gebet … schnell noch Gott danken für den schönen Tag oder ihn darum bitten, uns eine gute Nacht zu schenken. Manchmal vergesse ich das Beten auch komplett und merke es erst, wenn ich von meinen Kindern einen strafenden Blick zugeworfen bekomme. „Mama, wie kannst du anfangen zu essen, ohne zu beten!"

Ein Freund und Mentor unserer Familie lebt auf der anderen Seite der Welt. Er ist der unkonventionellste Mensch, den wir kennen. Alles hinterfragt er, und er tut nichts einfach nur, „weil man das halt so macht". Was haben wir schon für verrückte Dinge mit ihm erlebt! Seine Gegenwart ist mitunter auch anstrengend, weil er allen Dingen so tief auf den Grund geht. Zum Glück hat er einen kindlichen Humor und kann über sich selbst lachen, was die Sache wiederum herrlich erfrischend macht. Ich denke gern an das gemeinsame Grillen in seinem wunderschönen Garten. An die Gebete vor dem Essen kann ich mich besonders gut erinnern. Jedes Mal, wenn er sagte: „Lasst uns beten", reichten sich alle um den Tisch die Hand. Es folgten ein paar Sekunden Stille, bevor er ein knappes Dankgebet formulierte. Und das klang so, als hätte er es noch nie zuvor gesagt. Ohne dass er uns in irgendeiner Weise darauf hingewiesen hatte, wurde ich mir in den wenigen Sekunden Stille bewusst, dass wir im Begriff waren, zu *Gott persönlich* zu sprechen.

Nein, wir reden nicht mit einem schwerhörigen „Gott des Waldes", den man durch viele Wiederholungen umstimmen und von seinem Zorn abbringen muss. Wir reden mit dem Schöpfer des Universums, der gleichzeitig unser Vater ist. Ist das nicht unfassbar, ein unermessliches Privileg?

Ich finde es hochinteressant, dass Jesus, unmittelbar bevor er seinen Jüngern das Vaterunser beibringt – das Gebet also, das heute wahrscheinlich das am häufigsten mit- und nachgeplapperte Gebet der Bibel ist –, sie (und uns) warnt, genau das *nicht* zu tun.

Plappere auch ich manchmal Gebete wie Formeln nach – ohne mir bewusst zu machen, mit wem ich da eigentlich rede? Wie könnte ich meine Gebetsroutine unterbrechen, um mir ganz neu bewusst zu machen, dass ich mit meinem Vater im Himmel spreche? Vielleicht durch ein paar Sekunden Innehalten und Stille?

Vater unser im Himmel

Von unserer himmlischen Erbinformation

Es ist Mitte Juni 2018. Ich bin auf Tour durch den äußersten Osten Deutschlands; ich habe mehrere Konzerte entlang der polnischen Grenze. Ein paar Mal schon haben mich in den letzten zehn Jahren Konzerte in diese Gegend geführt, und jedes Mal überkam mich ein Gefühl, das ich mit Worten nicht beschreiben kann. Dieses Mal war es so intensiv – es war kaum auszuhalten. Ich konnte es förmlich in meinem Herzen spüren. War es diese tief verwurzelte atheistische Prägung der Menschen dort, die mich geistlich gesehen zum Aufwachen einlud? War es dieser Durst nach Wahrheit, den ich in den Konzerten wahrnehmen konnte? An einem Abend fuhr ich nach dem Aufbau und dem Soundcheck zurück zu meinem Hotel. Dieses sonderbare Gefühl wollte mich förmlich über die Grenze nach Polen ziehen. Ich rang mit mir, wollte aber nicht riskieren, zu spät zum Konzert zu kommen – was nie schick ist, wenn die Leute mit Tickets auf einen warten –, und blieb auf deutschem Boden.

Was steckte nur hinter diesem starken Gefühl?

Nach der Tour, wieder in Süddeutschland angekommen, rief ich meinen Vater an und fragte ihn, wo genau eigentlich mein Großvater herkam. Ich hatte den Ort noch nie gehört. Mit dem Hörer in der einen Hand gab ich mit der anderen im Internet den Namen ein – und konnte es nicht fassen: Genau dreißig Kilometer Luftlinie von dem Ort entfernt, an dem es mich förmlich über die Grenze ins heutige Polen zog, war mein Großvater geboren und aufgewachsen!

Kann es sein, dass wir die Geschichte unserer Väter und Vorväter in uns tragen? Ich finde diesen Gedanken unglaublich faszinierend und frage mich: Wo haben meine Großväter und Urgroßväter vor vier, fünf Generationen gelebt, welche Sprachen haben sie gesprochen, welche Berufe ausgeübt?

Vor ein paar Monaten habe ich eine Anzeige für einen

DNA-Test gesehen, der versprach, mit ein wenig Spucke meinerseits herausbekommen zu können, aus welchem Teil der Welt meine Vorfahren stammen – also wie viel Prozent von welcher Nationalität in mir steckt. Da sowohl bei Keith als auch bei mir mütterlicherseits der Stammbaum eine beachtliche Lücke aufweist, haben wir uns gleich zwei Tests bestellt. Könnte es sein, dass wir sogar jüdisches Blut in uns tragen? Oder dass wir irgendwo noch unbekannte Cousins und Cousinen finden? Aus welchem Land in Afrika wurden Keiths Vorfahren als Sklaven in die Karibik verschleppt? Ist seine Liebe für Spanien und meine für den Osten Europas irgendwie in unserer DNA wiederzufinden? Ach, wie war das alles so spannend! So haben wir uns beide zum Geburtstag ein wenig Spucke geschenkt und diese in kleinen Röhrchen auf die Reise Richtung USA geschickt. Und gewartet. In den Wochen bis zu den Testergebnissen haben wir als Familie immer wieder die tollsten Geschichten zu den möglichen Resultaten gesponnen. Vor allem die Kinder, die sich ganz sicher waren, dass sie von einem königlichen Geschlecht abstammen …

Als nach ein paar Wochen endlich die Ergebnisse via E-Mail eintrafen, war die Spannung fast nicht mehr auszuhalten. Gleich würden wir mit einem Klick sehen, wo möglicherweise unsere Väter und somit auch wir herkommen!

Ich habe mich immer zu fünfzig Prozent als Deutsche und zu fünfzig Prozent als Italienerin gesehen und gefühlt. Das wurde mir ja auch immer wieder gesagt. Und so war ich wirklich überrascht, als der Test mir gerade mal 8,8 Prozent italienische Wurzeln zugestand – mir dafür aber viele andere Nationalitäten offenlegte. Sogar orientalische Vorfahren soll ich haben! Als ich ein paar Tage später in einem Café auf die Frage des spanischen Kellners, welche Nationalität ich denn hätte, mit „fünfzig Prozent Deutsch und fünfzig Prozent Italienisch" antworten wollte, blieben mir die Worte im Mund stecken, und meine Familie brach in schallendes Gelächter aus.

Wie das Ergebnis bei meinem Mann ausgefallen ist? Es scheint, dass seine Vorfahren als Sklaven sowohl aus Nigeria als auch aus Nepal in die Karibik verschleppt wurden. Große Lacher gab es, weil bei Keith ein paar Prozent Finnisch angegeben waren. Das hätten wir bei ihm niemals vermutet.

Seit dem Test nennt Keith mich wegen meines recht hohen Balkananteils seine „kleine Zigeunerin" und ich nenne ihn meinen „nigerianischen Finnen". Die Kinder bestehen darauf, dass ein Fehler passiert sein müsse, denn sie spüren königliches Blut in ihren Adern fließen, weshalb sie eindeutig aus England oder Australien stammen müssten.

Natürlich kann man sich darüber streiten, ob Ahnenforschung per DNA-Test tatsächlich eine seriöse Angelegenheit oder am Ende nur eine clevere Geschäftsidee ist. Wir hatten trotzdem unseren Spaß damit. Und was uns zu unseren Wurzeln offenbart wurde, hat uns tief bewegt, ganz gleich, wie hoch der Wahrheitsfaktor wirklich ist. Für mich fühlte es sich jedenfalls so an, als hätte jemand den Code für das lang versteckte Tagebuch geknackt und plötzlich Seite für Seite lesbar gemacht …

Ich frage mich gerade, wie so ein DNA-Test bei Jesus ausgefallen wäre … Hätte man bei der Analyse seiner Erbinformation herausgefunden, dass er neben irdischen Wurzeln auch eine ganz und gar himmlische Spur in sich trägt? Ach, hätte doch jemand damals, als Jesus mit reichlich Spucke und Erde dem Blinden die Augen sehend gerieben hat, eine kleine Portion davon ins Labor geschickt …!

Kannte Jesus schon als Kind seine wahre Herkunft? Wusste er von Anfang an, dass Josef nicht sein leiblicher Vater war – oder gab es irgendwann in seiner Kindheit dieses unangenehme Gespräch mit seinen Eltern, das mit den Worten begann: „Jesus, wir müssen mal mit dir reden …"?

Ich bin mir sicher, dass Gott, unser himmlischer Vater, das Fräulein Maria schon lange auserkoren hatte, die Mutter ihres Sohnes zu werden – aber gewartet hat, bis Josef auf der Bildfläche erschien. Dass er ihr Kennenlernen beobachtet und geduldig ihren Gesprächen beigewohnt hat. Gott wusste: Jesus brauchte nicht nur einen Vater im Himmel. Auch auf der Erde sollte er einen haben: Josef. Der Zimmermann Josef war es, der das Baby Jesus in den Armen hielt, ihn beruhigte, ihm körperliche Nähe und Sicherheit gab. Es war Papa Josef, der applaudierte, als Jesus seine ersten Schritte machte, und ihn tröstend in die Arme schloss, wenn er hingefallen war. Josef begleitete ihn zur Schule und unterschrieb seine Zeugnisse. Er brachte ihm geduldig bei, wie man als angehender Schreiner mit einem Hobel umgeht, und er musterte Jesus' erstes Möbelstück mit einem stolzen Vaterlächeln.

Wie es wohl für Jesus gewesen sein muss, zwei Väter zu haben? Hatte er gespürt, dass er sich irgendwann für einen der beiden entscheiden muss? Wusste er von Anfang an, dass seine wahre Herkunft nicht Nazareth, sondern der Himmel war? Schwer zu sagen. Aber vielleicht fühlte Jesus seine wahren Wurzeln zum ersten Mal so richtig stark, als er als Zwölfjähriger im Tempel saß. Er konnte es spüren – er war dort einfach zu Hause. Mit seiner Familie, seinen Verwandten und Nachbarn war er zum Passahfest nach Jerusalem gepilgert. Als seine Eltern mit den anderen wieder abreisten, blieb er. In das Haus seines Vaters, genau da gehörte er hin. Das war sein echtes Zuhause. Während er dort saß und mit den jüdischen Gelehrten echte Mann-zu-Mann-Konversationen betrieb, klang er ganz wie der Schreiner aus Nazareth: die Sprache, der Dialekt, die Art, wie er seine Hände bewegte und die Sätze betonte: ganz der Vater Josef. Doch sein Innerstes sagte ihm deutlich: „Deine wahre Herkunft ist der Himmel."

Als Josef und Maria drei Tage später, nach langem Suchen und Bangen und schlaflosen Nächten, endlich ihren Sprössling im Tempel wiederfanden, konnten sie es nicht fassen. Sitzt der da in aller Seelenruhe und redet über die Schriften! Ob es Josef wie ein Stich durchs Herz ging, als er der Tatsache ins Auge sehen musste, dass Jesus einen anderen Vater hat? Josef hatte es sich ja auch nicht ausgesucht, diese ganz besondere Patenschaft zu übernehmen; er hatte keine Adoptionspapiere ausgefüllt und gehofft, Jesus zu bekommen. Er wurde in die Sache quasi hineingezogen und vom Engel Gabriel persönlich gebeten, Maria nicht im Stich zu lassen. Vielleicht hat Josef drei Tage nach dem Passahfest langsam begonnen, Jesus innerlich loszulassen. Im darauffolgenden Jahr, mit dreizehn, würde Jesus ohnehin „Bar Mizwa"* feiern und dann vor dem jüdischen Recht erwachsen sein …

Als Jesus sich dann mit knapp dreißig Jahren von seinem Cousin Johannes taufen ließ und damit offiziell seinen Dienst auf Erden begann, bekam er die eindeutige und deutlich vernehmbare Bestätigung, dass er einen Vater im Himmel hat. Er hörte die Stimme seines Vaters sagen:

„Dies ist mein geliebter Sohn, an dem ich Wohlgefallen habe" (Matthäus 3,17; LU).

Dies ist mein geliebter Sohn, meine geliebte Tochter, über die ich mich von Herzen freue. Wer von uns sehnt sich nicht danach, diese Worte zu hören? Gott spricht sie voller Glück und Stolz über uns aus. Wir sind seine geliebten Töchter und Söhne, von Anfang an dazu bestimmt, seine Kinder zu sein. Auch wenn wir irdische

* Bar Mizwa heißt „Sohn der Pflicht", Bat Mizwa „Tochter der Pflicht". Mit den gleichnamigen Festen feiern Mädchen ab zwölf und Jungen ab dreizehn Jahren ihre Aufnahme als vollwertiges Mitglied in die jüdische Gemeinde.

Wurzeln haben, unsere Identität hat eine himmlische Prägung. Und deshalb dürfen wir Gott unseren Vater im Himmel nennen, ja, ihn sogar mit „Papa" ansprechen, so wie es auch Jesus getan hat.

Er [der Geist Gottes] hat euch vielmehr zu Gottes Söhnen und Töchtern gemacht. Jetzt können wir zu Gott kommen und zu ihm sagen: „Abba, lieber Vater!"
Römer 8,15; Hfa

Kann ich spüren, dass ich eine himmlische DNA in mir trage? Lasse ich mich in meinem Denken und Tun davon leiten, dass ich eine Tochter beziehungsweise ein Sohn des Höchsten bin?

Vom Sepp, dem Juniorchef

Es gibt in der Bibel eine Geschichte, in der es zutiefst um die Vater-Sohn-Beziehung geht. Es ist eine bewegende Erzählung über Freiheit, Sehnsucht, Reue und Gerechtigkeit. Die Hauptdarsteller sind ein Vater und seine zwei Söhne.

Der jüngere Sohn – nennen wir ihn Sepp – arbeitet wie sein älterer Bruder – Theodor – auf dem Hof des Vaters. Sie sind quasi die Juniorchefs, die Erben. Es gibt viele Knechte und Mägde, Felder und Weinberge, Tiere und Scheunen. Sepp ist gerade bei den Weinreben und hat soeben neue Erntehelfer eingewiesen. Ich werde ihn mal ansprechen … „Hey Sie, sind Sie Sepp, der Juniorchef?“

„Yep, der bin ich", sagt er. Er sieht seinem Vater sehr ähnlich. „Juniorchef …", murmelt er, und auf sein Gesicht huscht eine Mischung aus Lächeln und Missbilligung. „Manchmal bin ich mir nicht sicher, ob ich das bin. Was macht ein Juniorchef überhaupt? Es kann ja nur *einen* Chef geben, und das ist definitiv Vater."

So wie er das Wort „Vater" ausspricht, kann man schwer überhören, dass die beiden wohl keine sehr gute Beziehung pflegen.

„Heute Morgen zum Beispiel", fügt Sepp hinzu, „beim Meeting mit all den Arbeitern, habe ich mich eher wie ein Knecht gefühlt. Manchmal lässt Vater sich von denen sogar mehr sagen als von mir. Ich hatte eine wirklich brillante Idee, wie wir die Ernte effektiver lagern und vor Ungeziefer schützen können, und er ließ mich nicht mal ausreden. Juniorchef! Ein Juniorchef ist GAR kein Chef, glauben Sie mir das. Und wenn, dann ist erst mal Theodor an der Reihe. Ich komme quasi erst an dritter Stelle. Kann man vergessen! Am liebsten würde ich mein eigenes Ding machen. Ich habe so viele Ideen. Aber hier ist mir alles zu eng. Und alles gehört Vater. Na ja, eigentlich gehört ein Teil ja mir. Mein Bruder wird einmal doppelt soviel wie ich bekommen, weil er der Erstgeborene ist. Aber wann das ist, steht in den Sternen … Soll ich Ihnen sagen, was ein Juniorchef ist? Jemand, der wartet. Einer, der wartet, bis der Chef nicht mehr da ist, und erst dann seinen Platz einnimmt. Aber ich bin definitiv zu ungeduldig zum Warten!"

Sepp lehnt sich an die kleine Feldsteinmauer an der oberen Seite des Weinbergs und schaut in die Ferne. „Ich muss mich verwirklichen, sonst trockne ich noch aus. Ganz im Ernst. Immer ruft er Theo, immer fragt er *ihn* nach seiner Meinung, immer weiht er *ihn* zuerst ein. Warum nicht mich? Ich wünschte, Vater könnte sehen, was ich alles kann. Ich habe es satt, immer der kleine Sepp zu sein, der warten muss! Und Theo, der ist so was von langweilig. Geht früh ins Bett und hat keinen Humor. Er macht alles genau wie Vater. Keine Leidenschaft, keine eigenen Ideen. Ich mag ihn nicht!"

Sepp hat eine Familie, in der er sich ganz offensichtlich nicht wohlfühlt. Einen Vater, von dem er sich nicht verstanden fühlt. Ein Leben, das er unfair findet. Eine Arbeit, die ihn langweilt. Einen Bruder, der anscheinend besser wegkommt als er. Sepp, der Juniorchef, leidet unter Minderwertigkeitsgefühlen, Misstrauen, Neid und der Angst, zu kurz zu kommen. Am liebsten würde er sich von seinen Wurzeln losreißen, seinem Vater den Buckel runterrutschen, ja, sein Leben komplett selbst in die Hand nehmen und nur noch das machen, was er für richtig hält …

Was fühle ich, wenn ich das Wort „Vater“ sage? Wer ist mein irdischer Vater und was für eine Beziehung habe ich zu ihm? Bin ich versöhnt mit ihm oder trage ich ihm irgendetwas nach?

Wie sieht meine Vaterbeziehung zu Gott aus? Ist sie innig-vertrauensvoll? Oder geprägt von Misstrauen und Angst?

Unser Vater. Zwei starke Worte.

Wenn wir beten „Vater unser“, dann erinnern wir uns daran, zu wem wir gehören. Wir erinnern uns, dass wir eine himmlische Identität haben, ein Zuhause bei ihm. Vielleicht fehlt oder fehlte uns unser irdischer Vater. Aber unser himmlischer Vater ist ganz für uns da – immer und zu jeder Zeit ansprechbar.

Mit „unser Vater“ drücken wir auch aus, dass wir eine Vertrauensbeziehung haben – zu dem, der uns über alle

Maßen liebt und für uns sorgt. Möglicherweise haben wir mit unserem irdischen Vater so ganz andere Erfahrungen gemacht. Umso mehr dürfen wir uns in Gottes Vaterarme fallen lassen und uns öffnen für neue Vater-Erfahrungen.

Und das „unser" will uns immer wieder neu bewusst machen, dass wir nicht allein auf der Welt sind. Ich habe Schwestern und Brüder, denen Gott ebenso ein grenzenlos gütiger Vater sein will wie mir selbst. Manchmal finde ich diesen Gedanken ganz schön herausfordernd. Denn wie schnell können meine brüderlichen und schwesterlichen Beziehungen in eine Schieflage geraten … *Unser* Vater. Das „unser" verbindet uns miteinander und mahnt uns, miteinander versöhnt zu leben. Und last but not least: Diese zwei Worte laden uns ein, das Vaterunser *gemeinsam* zu beten.

Geheiligt werde dein Name

Von Männern und Synapsen

Es war wieder mal so weit. Zeit, auf Tour zu gehen. Mit dem Packen habe ich so meine Mühe. Man sollte denken, dass ich nach sechshundert Konzerten langsam Routine darin hätte, aber weit gefehlt. Außerdem kann man mir beim Packen nicht helfen. Da muss man mich einfach machen lassen – und am besten unsichtbar werden, bis ich fertig bin. Doch dann hatte ich es wieder mal geschafft und alles war für das Konzertwochenende gepackt und im Auto verstaut. Wir hatten noch genau zehn Minuten bis zur Abfahrt meines Zuges. Was war ich froh, dass Keith mich fuhr! Mein Mann hatte allerdings so gar keinen Stress und alberte während der Fahrt entspannt mit seinem Sohnemann herum. Ich hingegen, fokussiert wie ein Rennpferd auf die Zielgerade, buchte auf meinem Handy schnell noch mein Ticket. Geschafft! Was war ich doch eine Heldin! Zwischendurch fragte Keith mich routiniert ab: Deo? Ja. Ladekabel? Ja. Schuhe? Ja. Hüte? Ja.

Als wir am Bahnhof ankamen, suchte er sich genüsslich einen perfekten Parkplatz für den großen Wagen und half dann dem Junior, noch immer herumalbernd, aus seinem Kindersitz. *Sorry, Leute, ich habe es eilig!!* Ich weiß nicht, ob während meiner Embryonalphase, zu dem Zeitpunkt, wo sich die Synapsen (die Verbindungen zwischen den Nervenzellen) bilden, die uns Frauen ja zu Multitasking-Heldinnen machen sollen, etwas Tragisches passiert ist. Wahrscheinlich. Ich kann tatsächlich nur *eine* Sache auf einmal gut machen. Wenn ich parallel Essen koche und telefoniere, dann brennt entweder das Essen an oder ich vergesse, mit wem ich gerade rede. Jedenfalls habe ich, auch dann, wenn ich's mir wirklich anders wünsche, jetzt keine Kapazitäten mehr übrig für „Engele, Engele flieeeeg!“ Meine Aufmerksamkeitsressourcen sind dann komplett aufgebraucht.

So entschied ich mich kurzerhand, damit ich den Zug nicht verpasste, meinen wie immer viel zu schweren

Koffer selbst aus dem Kofferraum zu hieven, was klar gegen die Gentlemanregeln meines Mannes verstieß, und rannte schon mal Richtung Gleis 5. Erhofft hatte ich mir durch diese Aktion, dass mein lieber Gatte dadurch zur Vernunft kommen würde – dass ihm klar werden würde, dass alleine ich jetzt wichtig bin, und dass die deutsche Uhr einfach ein wenig schneller tickt als die karibische. „Ich gehe schon mal zum Gleis, bis gleich", rief ich ihm zu.

Bald stand ich keuchend, aber stolz wie eine Königin, in den offenen Türen des Zuges und hielt Ausschau nach Keith und Nati, die sicher gleich lachend die Treppen hochgerannt kommen würden. Nichts. Die Anzeigetafel zeigte an, dass noch genau eine Minute bis zur Abfahrt des Zuges blieb. Ich kniff meine kurzsichtigen Augen zusammen und schielte Richtung Parkplatz – und konnte nicht fassen, was ich sah. Die beiden waren immer noch beim Auto! Spielten die etwa Fangen? Ich rief, so laut es meine entrüsteten Sängerlungen hergaben: „KEIII-ITTTH!!!" Die Entfernung zwischen Zug und Auto hatte sicher die ersten Buchstaben verschluckt, und wenn dort drüben überhaupt etwas ankam, hat mein Mann wahrscheinlich nur „iiiih" verstanden. Und wer hört schon auf „iiiih"?

KEIIIIITTTH! Wie laut muss eine Frau in der Öffentlichkeit schreien, um einen Abschiedskuss zu bekommen?

Keine Chance. Sie hörten mich nicht. Aber das ganze Abteil hinter mir schon – lauter ausgelassene Jugendliche, die anscheinend schon eine Weile ihre helle Freude an mir hatten. „Schreit die da Keeiiitth?" Sie begannen, mich nachzuäffen, und riefen nun ebenfalls: „KEEIIITTH, KEEEIIITH!", und brachen dann allesamt in schallendes Gelächter aus. Die Wut, dich ich empfand, als ich den Namen meines Mannes aus den schmutzigen Mündern dieser Kerle hörte, war unbeschreiblich. Hätte ich etwas mehr Muskeln gehabt und wäre einen Kopf größer gewesen als sie, hätte ich ihnen eine reingehauen. Ich erschrak. Dieses Gefühl, diese heftige Wut im Bauch, hatte mich fast überfordert. Sie hatten es gewagt, den Namen meines Mannes zu entheiligen!

Die Türen schlossen sich, und kurz darauf wurde die Entfernung zwischen meinen Jungs und mir immer größer. Ich fühlte mich elend. Auf dem Weg zu einem Konzert, auf dem ich von der Liebe Gottes erzählen würde, hätte ich fast eine Schlägerei angefangen. Lange nachdem Keith und ich unser Missverständnis aufgeklärt hatten, ging mir dieses starke Gefühl noch nach. Vielleicht habe ich an diesem Tag zum ersten Mal verstanden, warum Gott den Missbrauch seines eigenen Namens so ernst nimmt, dass er das Gebot, seinen Namen nicht zu missbrauchen, sogar in Stein meißeln ließ.

Am liebsten hätte ich den Jugendlichen den Namen meines Mannes wieder aus dem Mund gezogen, ihn in Sicherheit gebracht, penibelst gereinigt und ihn wieder ganz glänzend mit ehrfürchtiger Geste in eine Vitrine gelegt. Ihn *geheiligt*.

Wenn wir Gottes Namen heiligen, dann gebrauchen wir ihn würdevoll und mit Ehrfurcht. „Heiligen" heißt so viel wie „als wertvoll und unantastbar betrachten und dementsprechend behandeln". Für die Juden war der Name Gottes sogar so heilig, dass ihnen selbst ihr eigener Mund nicht sauber genug war, um ihn auszusprechen. Vor lauter Ehrfurcht nahmen sie ihn überhaupt nicht in den Mund.

In 2. Mose 20,7 steht: „Du sollst meinen Namen nicht missbrauchen, denn ich bin der Herr, dein Gott!" Missbrauch bedeutet, dass man etwas nicht zu seinem eigentlichen Zweck verwendet. Missbrauchen wir also Gottes Namen schon dann, wenn wir erschreckt „Oh Gott!" ausrufen? Schließlich meinen wir ja in diesem Moment meist nicht wirklich Gott und rufen ihn nicht bewusst an. Vielleicht ist dieser Fall auf den ersten Blick nicht so dramatisch wie die Situation, in der jemand in Gottes Namen etwas sagt oder tut, was definitiv nicht Gottes Wille sein kann. Oder wenn ein Mensch einen anderen manipuliert, indem er beispielsweise behauptet: „Gott hat mir gezeigt, dass du mich heiraten sollst!“

Ich will mir immer wieder bewusst machen, wie und in welchen Zusammenhängen ich Gottes Namen verwende – und danach fragen, was seine Meinung und in seinem Sinne ist. So, wie ein wahrer Freund nicht zulässt, dass über seinen Freund gelästert wird, möchte ich auch freundschaftlich an Gottes Seite stehen und nicht tatenlos zusehen, wenn sein Name entehrt wird.

Wo stehe ich in der Gefahr, Gottes Namen zu entehren? Wie kann ich seinen Namen ganz konkret heiligen?

Dein Reich komme

Von der Selbstständigkeit und Superstars

Klassentreffen sind eine spannende Angelegenheit. Nach Jahrzehnten kommt man wieder zusammen und spricht über alte Zeiten. Was ist aus Tanja geworden? Weiß jemand was von Thomas? Oha, Leo hat ja echt zugenommen. Das Altern hat es mit Ellen definitiv nicht gut gemeint, sind das schon graue Haare? Die einen sind Ärzte und Anwälte geworden, die anderen eifrige Hausfrauen oder Autoverkäufer. Ich frage mich manchmal, ob die Treffen nicht eher dazu dienen zu zeigen, dass man es zu was gebracht hat – dass man etwas aus sich gemacht hat.

Der Satz „Du hast dich gar nicht verändert!“ ist nur dann ein Kompliment, wenn damit gemeint ist, dass die Haarfarbe dem Grau bisher erfolgreich Widerstand geleistet hat oder man der Figur die Geburten der Kinder oder die Jahre im Bürosessel nicht ansieht. Ansonsten hoffen wir doch alle, dass wir uns verändert haben. Dass wir die turbulenten und mit so viel Unsicherheit behafteten Teenagerjahre endlich hinter uns gelassen und uns zu starken Persönlichkeiten entwickelt haben. Auch wenn wir uns unsere Kindheit nicht aussuchen konnten, schreiben wir doch über die Jahre unser eigenes Lebensbuch. Was haben wir aus uns gemacht? Wie groß und wichtig sind wir geworden? Haben wir in irgendeiner Weise einen bedeutsamen Einfluss auf unser Umfeld – oder gar die Welt verändert?

Ich habe zweierlei Menschen beobachtet: die Selbstständigen und die Angestellten. Für Menschen, die aufgrund ihrer Persönlichkeitsstruktur perfekt in die Selbstständigkeit passen, ist es beinahe unvorstellbar, für einen Arbeitgeber zu arbeiten, jeden Tag um Punkt acht stempeln zu gehen, jeden Urlaub anfragen zu müssen und sich für die Interessen des Chefs zu verausgaben. Sie sind Visionäre, kreativ und risikofreudig, wollen ihr eigenes Ding machen – und tun es oft auch. Den Menschen, für die Sicherheit ein hohes Gut ist, wäre dieses Risiko zu hoch. Sie lieben es, pünktlich zum Monatsende ihr Gehalt zu bekommen, und genießen ihre zwei, drei Wochen Urlaub im Jahr; sie freuen sich über bezahlte Krankheitstage und über die Aussicht auf den Weihnachtsbonus.

Selbstständige haben all diese Sicherheiten und Vorteile eines Angestellten nicht. Sie müssen sich immer wieder mit der Frage auseinandersetzen, wo sie auf dem Markt vorkommen, wie gut und wie schnell sie im Internet gefunden werden, wie sie als Marke mehr Einfluss bekommen. Sie bezahlen Spezialisten, die dafür sorgen, dass man in den Trefferlisten bei Google möglichst weit oben erscheint. Sie kämpfen um Käufer, Kunden, Alleinstellungsmerkmale und überlassen nichts dem Zufall.

Ich bin selbstständig. Es ist mein Job und zugleich meine Berufung, Menschen durch meine Lieder und Texte zu ermutigen. Nun, wenn ich statt meiner CDs, Bücher und Konzertkarten Dinge wie Möbel, Ersatzteile, Autos oder Küchenmaschinen verkaufen würde, dann könnte ich das vermutlich gut von meinem geistlichen Auftrag als Christ trennen. Aber wie ist das, wenn Beruf und Berufung nicht zu trennen sind? Wie bringt man dann die beruflichen Interessen und die Ziele seiner göttlichen Berufung in Einklang?

Für jedes Album und jedes Buch treffe ich mich mit dem Verlag beziehungsweise dem Musiklabel. Gemeinsam besprechen wir die Vision, überlegen uns eine Kampagne (bei mir ist sie immer mit einer Farbe verbunden) und planen ganz konkrete Schritte, um die Kunden bestmöglich anzusprechen. Ich bin glücklich, ein gutes Team zu haben und einen Verlag mit viel Erfahrung sowie einem Herzen für das Reich Gottes. Aber ich muss zugeben, dass ich wachsam sein muss. Wie viel von dem, was ich tue, dient meinem Namen und wie viel Gottes Namen? Wie viel investiere ich in sein Reich und wie viel in Wirklichkeit in mein eigenes? Nehmen die Konzertbesucher eine Begegnung mit Gott nach Hause – oder ganz viel Sefora?

Bei meinem orangefarbenen Album habe ich allen Vorbestellern des Titels einen ledernen Schlüsselanhänger gebastelt. Vielleicht haben Sie ja auch einen dieser orangefarbigen Anhänger noch an Ihrem Schlüsselbund hängen? Ich werde nie vergessen, wie ich knapp 1500 Lederbänder auf meiner Arbeitsplatte in der Küche, auf dem ganzen Küchenboden und über den ausgezogenen Esszimmertisch ausgebreitet hatte, um mit den Brennstempeln jedes einzelne Exemplar genau im richtigen Winkel, mit der idealen Temperatur und der exakten

Dauer zu berühren. Die Kinder waren im Bett, das Haus war still, und für die nächsten Stunden war Frau Nelson hoch konzentriert bei der Arbeit. Wenn etwas zu lange, zu kurz oder nicht genau parallel auf das Leder kam, landete der Anhänger in der Tonne, mitsamt den vom Schuhmacher eingestanzten Ösen. Ein Jammer!

Mein nächstes Album war holzfarben, und mein Tourflügel, samt der original antiken Beine, wurde mit einer metallischen Folie in edlem Braun überzogen. Als es darum ging, was man den Vorbestellern dieses Mal schenken könnte, stand die Idee „Autoaufkleber" als Vorschlag im Raum. Das würde sich in braun-metallic doch wirklich schick machen. Oder auch der rote Schriftzug meines Namens, der inzwischen zu einer Marke geworden ist … Außerdem kann man Aufkleber leicht verschicken, und sie haben auf glatten Flächen wie Autoscheiben oder Laptops einen noch größeren Werbefaktor als ein Lederband an einem Schlüsselbund …

So ging ich nach dem Meeting mit einem Gefühl von Zufriedenheit nach Hause. Doch ein paar Tage später lag mir diese Idee mit den Aufklebern schwer im Magen. War ich nicht gerade dabei, meinen Namen zu verbreiten statt den Namen Gottes? Sollte ich nicht Menschen zu Jüngern Jesu machen – und weniger zu

Sefora-Nelson-Fans? Jesus hatte vor seinen Meetings doch auch keine Flyer verteilt … und Paulus hat seinen Namen auch nicht als Marke schützen lassen … Ich zog die Sache wieder zurück.

In der Bibel gibt es eine Geschichte, die zeigt, wie schnell es passieren kann, dass Menschen in den Mittelpunkt gestellt werden – obwohl doch eigentlich Gott das Lob gebührt hätte. Als Paulus und Barnabas in Lystra unterwegs waren und einen von Geburt an Gelähmten mit Gottes Kraft heilten, vergötterte die Volksmenge die beiden Missionare: „Die Götter sind den Menschen gleich geworden und zu uns herabgekommen!“, riefen die Menschen. Und sie nannten Barnabas „Zeus“ und Paulus „Hermes“ (siehe Apostelgeschichte 14,12). Sogar der Priester des Zeus kam mit Kränzen und Stieren, um mit der Volksmenge den zwei Helden zu opfern. Können Sie sich das vorstellen? Paulus und Barnabas müssen sich wie Superstars gefühlt haben. In diesem Moment hätten sie mit ihrem neuen Künstlernamen eine Werbekampagne starten können, so richtig mit Götterverkleidung. Da hätte sich mit ein paar cleveren Tricks auch noch das Evangelium irgendwo einbauen lassen.

Doch Paulus und Barnabas reagierten auf den Fan-Hype folgendermaßen:

Als das die Apostel Barnabas und Paulus hörten, zerrissen sie ihre Kleider und sprangen unter das Volk und schrien: „Ihr Männer, was macht ihr da? Wir sind auch sterbliche Menschen wie ihr und predigen euch das Evangelium, dass ihr euch bekehren sollt von diesen nichtigen Göttern zu dem lebendigen Gott, der Himmel und Erde und das Meer und alles, was darin ist, gemacht hat."

Apostelgeschichte 14,14–15; LU

Paulus und sein Mitstreiter nahmen sich mit Gewalt von dem Podest, auf das man sie erhoben hatte, und stellten Gott darauf. Denn sie verstanden sich als „Gottes Bodenpersonal", als Menschen, die die Sache Gottes voranbringen wollten.

Ob wir vom Typ her eher Chef oder Angestellter sind: Wenn wir beten, „dein Reich komme", sind wir alle Angestellte. Es gibt nur einen Chefsessel, und der ist bereits besetzt.

Aber können wir wirklich „dein Reich komme" beten, wenn Gottes Reich so ganz anders ist, als wir es uns vorstellen? Wenn es den grausamen Tod am Kreuz beinhaltet, wenn es zur Umkehr und Buße aufruft – und es am Ende so ganz und gar nicht um uns geht? Es ist alles andere als einfach, im Bau seines Reiches involviert zu sein und gleichzeitig immer wieder der Versuchung zu widerstehen, im Grunde unser eigenes Reich zu bauen.

Das ging schon den Jüngern und Verwandten von Jesus so. Petrus hatte Jesus sogar geraten, er solle über bestimmte Dinge nicht reden. Das Thema „Tod" zum Beispiel käme nun wirklich nicht so schick. „Und überhaupt, das würde ich gar nicht zulassen, dass du stirbst!", protestierte er lautstark. Und Jesu Brüder rieten ihm eindringlich, sich in Jerusalem auf dem Laubhüttenfest zu zeigen. Ihre Argumente waren ziemlich smart. Man muss doch zeigen, was man kann! Das wäre doch eine gute Promo für ihren Newcomer-Bruder gewesen (dem sie übrigens selbst nicht glaubten). Auch hätte er auf einem großen Pferd eine bessere Figur gemacht als auf einem geliehenen Esel. Jesus hätte seine Ressourcen maximieren können, größere Locations anmieten und das Catering bis ins Detail planen können – aber nein, da bespeist er auf die Schnelle Tausende von Leuten mit Fisch und Brot! Und es hätte ihm doch auch wirklich nicht geschadet, wenn er bei der Auswahl seiner Freunde etwas qualitativ hochwertigere Maßstäbe gesetzt und nicht immer mit diesen dubiosen Randgruppen abgehangen hätte. Und natürlich hilft es dem eigenen Image auch nicht, wenn man die Leute andauernd mit scharfen Worten vergrault. Wäre er etwas weicher im Ton gewesen, dann hätten sie bestimmt seinen Kanal abonniert.

Doch wenn Jesus nach menschlichen Vorstellungen agiert hätte, dann wäre … ihr Reich und nicht Gottes Reich gebaut worden.

Dein Reich komme. Führt das, was wir in Sitzungen besprechen und entscheiden, in Verträgen aushandeln und in Veranstaltungen verkünden, zum Kommen seines Reiches? Wird seine Sache vorangetrieben durch die Art und Weise, wie wir reden, handeln, konsumieren, arbeiten, unsere Prioritäten setzen? Machen wir uns durch unser Tun vielleicht sogar schuldig, weil wir seinen Namen nur benutzen, um unser Reich voranzubringen?

Das Leben und unser Christsein ist und bleibt eine Herausforderung. Hier auf der Erde stehen wir stets in einem Kampf, und den spüren wir an allen Ecken und Enden immer wieder. Doch die Bitte „Dein Reich komme" möchte uns daran erinnern, was am Ende wirklich zählt: Gott. Sein Wirken. Seine Liebe zu den Menschen und seine große Gnade. Wo Vergebung, Buße, Umkehr und Heilung geschieht, ist das Reich Gottes nahe, da bricht es hinein in unsere Welt. In der Ewigkeit, auf der anderen Seite des Lebens, regiert es bereits ungehindert und in seiner ganzen Kraft.

Wo fließt meine Energie beim Erledigen meiner täglichen Aufgaben wirklich hin? Baue ich sein Reich oder meines? Bin ich wirklich bereit, zu beten und mir zu wünschen: „Dein Reich komme!"?

Dein Wille geschehe, wie im Himmel so auf Erden

Von Marionetten und Lederschuhen

Ich hatte im Studium einen Professor, der an der Universität unterrichtete. Er war zudem unser Chorleiter, und so haben wir zweimal wöchentlich mehrere Stunden miteinander verbracht. Er hatte sich über die Jahre den Kosenamen Mr T. verdient, denn „Mr Thomson" klang viel zu formell, außerdem ist eine Silbe besser als zwei, wenn es schnell gehen muss. Bis nach Hawaii, Japan, Korea und durch etliche Staaten der USA sind wir als Frauenchor gereist. Zu vielen von uns hatte Mr T. eine väterliche Beziehung, und er gab uns kostbare Ratschläge fürs Leben. Auf einer dieser Tourneen hatte ich mich vorne im Reisebus neben ihn gesetzt und ihn gefragt: „Mr T., was denken Sie, was ich später mal machen werde?“ Für eine Zwanzigjährige ist das ja eine der spannendsten Fragen, dicht gefolgt von der Frage der Partnerwahl natürlich. Heute, zwanzig Jahre später, stelle ich mir vor, wie Mr T. schmunzelt, wenn er meine Facebook-Posts liest, denn er hat damals schon mein jetziges Leben beschrieben: „Ich kann mir gut vorstellen, dass du singen und sprechen wirst, zum Beispiel auch auf Frauenkonferenzen“, hatte er gemeint.

Wir hatten viel Spaß in unserem Chor. Der Umstand, dass wir in uniformen Kleidern auf der Bühne waren, das lange Stehen und die Herausforderung, sich während des Konzertes ja nicht an der Nase zu kratzen – auch wenn es noch so juckte –, all diese Dinge wurden mit lustigen Trips an unseren freien Tagen kompensiert. Und die Amerikaner verstehen wirklich Spaß! Am Anfang war uns Deutschen diese kindliche, flippige Art von „Fun“ irgendwie befremdlich. Ebenso wie die hohe, leicht nasale Stimmfarbe, die die Frauen bis ins hohe Alter hatten. Aber irgendwann hatten sie auch uns angesteckt und mit vielen schönen Erinnerungen beschenkt, von denen wir heute noch zehren. Hin und wieder kam auch Mr T.'s Frau mit uns auf Tournee, was uns Damen besonders freute. „Wir arbeiten gerade an unseren Langzeitzielen", erklärten uns die beiden eines Tages, während wir gerade einen Spaziergang durch die Wüste Arizonas unternahmen. „Wir haben heute Morgen beim Frühstück unsere Ziele und Wünsche für dieses Jahr, die nächsten fünf und zehn Jahre besprochen."

Ich war baff. Für mich als Studentin war schon das nächste Semester ein Riesenziel. Ich konnte mir gar nicht vorstellen, was ich mir für die nächsten zehn Jahre überhaupt wünschen sollte!

Heute, mit knapp vierzig, habe ich als Ehefrau, Mutter und Liedermacherin schon etliche kurz- und langfristige Ziele an Konferenztischen und Familien-Esszimmertischen besprochen. Manche dieser Ziele wurden erreicht, manche wieder verworfen. Und viele übertroffen. Es gibt Momente, in denen wir als Familie zusammensitzen und Keith und ich diesen einen Blick austauschen, der keine Worte braucht. In diesem Blick stecken Worte wie: „Kannst du glauben, dass wir so beschenkt sind? Schau dir diese Kinder an! Schau dir uns an, nach einem Jahrzehnt. Wer hätte das gedacht?"

Eigentlich bin ich ein schlechter Entscheider. Die Frage „Was möchtest du gerne?" überwältigt mich. Das scheint man mich als Kind wohl nicht oft gefragt zu haben. Es gab einfach das, was es eben gab.

Kleider haben wir zum Beispiel selten neu gekauft. Ich kann mich jedenfalls nicht daran erinnern, dass ich je in einem Kaufhaus vor Kleiderständern mit T-Shirts in meiner Größe gestanden und die Frage gestellt bekommen hätte: „Was möchtest du gerne?"

Woran ich mich aber sehr gut erinnern kann, ist, dass immer wieder mal Kartons mit Kleidern und Schuhen bei uns zu Hause ankamen. Liebe Menschen aus den verschiedenen Kirchengemeinden, in denen mein Vater zu Predigtdiensten eingeladen war, wussten um die vielen Kinder und die halbe Lehrerstelle meines Vaters und schenkten uns ihre abgetragene Kleidung. Ich hoffte immer, dass der Karton aus einer Familie mit Mädchen kam, und war enttäuscht, wenn nur ein paar graue Herrenanzüge zum Vorschein kamen. Doch als ich Hausschuhe mit buntem Muster und einer beigen Sohle sah, wusste ich: Die waren für mich! Meine Schwester, fast ein Jahr älter als ich, hatte Pech gehabt und musste eben auf den nächsten Karton hoffen. Blitzschnell schlüpfte ich in die Hausschuhe hinein und traute meinen Ohren nicht: Sie klangen ja wie elegante Stöckelschuhe! Mit jedem Schritt klackerte es und das Parkett bedankte sich. Draußen lief ich auf den Steinplatten ums Haus und alle konnten mich hören. Insgeheim stellte ich mir vor, eine junge Dame zu sein. Glücklicherweise nahmen meine Eltern manches nicht so eng und erlaubten mir, meine Hausschuhe auch zu öffentlichen Anlässen anzuziehen – und zu klackern, was das Zeug hält. Später, als ich wirklich eine junge Dame geworden war, sah ich Bilder von meiner Klackerhausschuh-Zeit, und es war mir recht peinlich …

Schuhe waren etwas, worauf mein Vater großen Wert legte und wofür er auch ausnahmsweise ordentlich Geld in die Hand nahm. „Denn jeder Fuß ist anders und ein guter Schuh ist wichtig", höre ich ihn heute noch sagen. So ging es damals also in versammelter Mannschaft in den Schuhladen, und jeder suchte nach seiner Größe. Ich hatte definitiv den Schuhgeschmack meiner italienischen Mutter und weniger den meines deutschen Vaters. Immer wieder schickte er mich samt meiner ausgesuchten Schuhe zurück zum Schuhregal, um weiterzusuchen. „Diese sind geklebt", sagte er mit fachmännischem Blick, während er den schönen Schuh fast entzweibog, „und kommen aus … Italien, dachte ich's mir doch!"

So trabte ich wieder zurück und versuchte, selbst herauszufinden, ob es sich um echtes Leder und eine nicht geklebte Naht handelte. Irgendwann suchte ich mir nur noch Schuhe aus, von denen ich wusste, sie würden meinem Vater gefallen. Meinen Geschmack hatte ich bald ausradiert. Da freut sich doch ein Vater, wenn die Tochter mit breiten ledernen, handvernähten Schuhen made in Germany den Laden verlässt! Mein Wunsch nach einem schönen Schuh war dem eines glücklichen Vaters gewichen.

Viele Christen verhalten sich in manchen Bereichen ihres Lebens ähnlich wie ich damals im Schuhladen. Sie sind in eine Art Passivität gefallen, setzen sich nicht mehr mit ihren Herzenswünschen auseinander, sondern delegieren die Sache einfach: „Entscheide du, Herr. Ich möchte keine Fehler machen!"

Die ersten Jahre in der Ehe ließ ich meist meinen Mann ein Gericht für mich auf der Speisekarte aussuchen. Ich war komplett überfordert von den vielen Optionen. Bei uns gab es immer nur ein Essen, nämlich das, was Mama gekocht hatte. In Restaurants sind wir nie gegangen. Die Flitterwochen waren, was Entscheidungen angeht, eine Katastrophe. Sollen wir eine Bootstour machen, an den Strand gehen oder doch lieber mit Delfinen schwimmen? Ich wollte entscheiden, aber wusste einfach nicht, wie. Meine Antwort „Ach, entscheide du!" war zwar einfach für uns beide, aber weder für mich noch für Keith auf Dauer zufriedenstellend. „Ich bin dein Ehemann und blühe auf, wenn ich dich glücklich sehe. Sag mir, was möchtest du? Was wünschst du dir? Was ist dein Wille?“ Erstaunlich, wie leicht es Kindern fällt zu sagen, was sie wollen. Zum Frühstück? Waffeln mit Nutella!

Wenn wir vor lauter Angst, falsch zu entscheiden, gar nichts entscheiden, wird es schwierig. Wenn wir selbst keine Wünsche, keinen Willen, keine Ziele haben, bedeutet der Satz „Dein Wille geschehe“ nicht mehr viel. Es wird zu einem: „Mach einfach, was du für richtig hältst, ich folge dir“, was in einer Liebesbeziehung sehr einseitig ist. Denn niemand möchte mit einer Marionette zusammen sein – auch Gott nicht. Er interessiert sich für unsere Herzenswünsche, unsere Sehnsüchte und möchte mit uns darüber sprechen.

Einen eigenen Willen zu haben, ist wichtig. Und der verschwindet nicht, wenn ich mich entscheide, mich Gottes Willen unterzuordnen. Im Gegenteil! Selbst Jesus hatte einen eigenen Willen – und nannte ihn seinem Vater in seinen dunkelsten Stunden:

Vater, wenn du willst, nimm diesen Kelch von mir. Aber nicht mein Wille, sondern dein Wille geschehe.
Lukas 22,42; LU

So sollten wir es auch machen: Gott sagen, was wir uns zutiefst wünschen. Mit ihm in einen ehrlichen Dialog treten. Ihm unser Herz ausschütten. Er kennt uns und will stets das Beste für uns. Er sieht unseren ganzen Lebensweg, wo wir nur bis zur nächsten Wegbiegung sehen können, und weiß daher, wie wir ans Ziel kommen, was wir brauchen – heute und morgen. Aber mir ist bewusst, dass ich nur mit großem Vertrauen meinen Willen und meine Pläne in Gottes Hände legen kann; meine kurzfristigen Pläne für heute und morgen und meine langfristigen Ziele. Vertrauen brauche ich eine Menge, denn wie Gottes Pläne für mein Leben morgen und übermorgen aussehen, kann ich oft nicht erkennen. Aber das Wissen, dass – so gut und so nachvollziehbar mein eigener Wille auch ist – Gottes Wille der bessere Wille für mich ist, kann mir helfen. Er hat gesagt, dass seine Gedanken nicht meine Gedanken sind und seine Wege so ganz anders sind als meine eigenen (siehe Jesaja 55,8–9). Ja, irgendwie tröstet es mich, dass Jesus auch gerungen hat, in der Wüste, als er vom Teufel versucht wurde, und ganz besonders im Garten Gethsemane, kurz vor seinem Tod. Erst nach einem langen Gebetskampf konnte er sich den Willen seines Vaters zu eigen machen und seinen Weg bis zum Ende gehen.

„Dein Wille geschehe." Wenn ich diesen Satz bete, dann möchte ich mich daran erinnern, dass ich einen guten Vater im Himmel habe, der mich liebt und das Beste für mich im Sinn hat.

Würde Jesus heute vor mir stehen und mich fragen, was mein Wille ist, könnte ich ihm dann antworten? Vielleicht weiß ich genau, was ich antworten sollte, aber was will ICH wirklich? Ich möchte ganz bei mir sein und herausfinden, was ich möchte – und es ihm dann vertrauensvoll in die Hände legen.

Welchen Weg würde die Liebe gehen?

Dieser Weg heißt Recht,
er zeigt dir, was du darfst.
Dieser Weg heißt Fairness,
ich dir so wie du mir.
Dieser Weg heißt Logik,
was sagt dir dein Verstand?
Dieser Weg heißt Freiheit,
tun und lassen, was man will.

Welchen Weg würde die Liebe gehen?
Wo würde man am Ende stehn?
Kann jemand diesen Weg verstehn?
Den Weg kann nur die Liebe gehen.

Dieser Weg heißt Jetzt,
morgen ist nicht mein.
Dieser Weg heißt Ehre,
man hat nen guten Ruf.

Voll Langmut, Güte, ohne Neid,
bescheiden macht sie sich nicht breit,
nicht unanständig, selbstsüchtig,
nachtragend, bitter,
nicht schadenfroh,
sondern ein Wahrheitsritter,
trägt alles, glaubt alles,
hofft alles, erduldet alles,
immer ist sie da.

Welchen Weg würde die Liebe gehen?
Wo würde man am Ende stehn?
Kann jemand diesen Weg verstehn?
Den Weg kann nur die Liebe gehen.

Text und Musik: Sefora Nelson

Unser tägliches Brot gib uns heute

Von Bonbons und dem leeren Krug

Mutter zu sein, ist für mich eines der schönsten Geschenke auf dieser Erde. Obwohl ich keine schweren Geburten hatte und die zweitälteste von sieben Kindern bin, war für Keith und mich am Anfang absolut überwältigend, wie gnadenlos abhängig so ein kleines Wesen von mir als Mutter ist. Alle zwei Stunden muss es gestillt werden. Alle zwei Stunden! Tag und Nacht. Nichts mit „drei Mal am Tag" und ein Snack zwischendurch, wenn es brav war. Am Anfang macht man eigentlich nichts anderes außer Stillen, das Kleine ein wenig schlafen lassen (wenn es denn klappt!), und falls das möglich ist, zu der Zeit auch ein wenig die Augen schließen, wickeln und wieder stillen … Es gibt auch heute, im einundzwanzigsten Jahrhundert, noch keine Tagesration Babykost, die man einmal alle vierundzwanzig Stunden verabreichen könnte. Nein, Mama muss da sein, alle zwei Stunden. Wenn die Sprösslinge älter werden, werden auch die Abstände zwischen den Mahlzeiten größer, irgendwann schlafen sie auch die Nacht durch und gehen allein aufs Klo. Wenn sie noch größer sind, essen sie tatsächlich nur noch dreimal am Tag (zum Trinken muss man sie allerdings zwingen). Irgendwann sind sie schließlich erwachsen und werden vielleicht selbst Eltern. Sie planen ganz selbstständig ihren Wocheneinkauf und sorgen mit Bausparverträgen, Renten- und Lebensversicherungen für ihre Zukunft vor. Groß und unabhängig sind sie mit den Jahren geworden.

Wir sind alle erwachsen geworden, ja. Aber tatsächlich auch unabhängig? Unser westlicher Wohlstand verzerrt da unsere Wahrnehmung sehr stark. Da müsste uns nur mal das Wasser, die Luft oder der Strom ausgehen, und schon würde nichts mehr funktionieren. Unsere vermeintliche Sicherheit würde wie ein Kartenhaus in sich zusammenfallen. Wir leben in einem reichen Land; die meisten von uns haben noch nie Hunger und existenzielle Armut erlebt, frieren oder betteln müssen. Mangel an Lebensnotwendigem kennen die wenigsten von uns. Aber nichts davon ist selbstverständlich oder garantiert. Wir haben nichts in der Hand. Wir sind abhängig. Die Bitte „unser täglich Brot gib uns heute" bringt das auf ganz demütige Weise auf den Punkt. Wir sind letztlich komplett abhängig von Gott. Er war, ist und bleibt der Geber, und wenn die Zeit gekommen ist, auch der Nehmer des Lebens.

Jeden Monat zwacken Keith und ich einen Teil unseres Einkommens ab und legen es für die Kinder beiseite. Zusätzlich bekommen sie jede Woche ihr Taschengeld, vorausgesetzt sie haben ihr Zimmer in Ordnung und am Samstagmorgen ihre Arbeiten zu Hause erledigt. Niemals würden wir zum jetzigen Zeitpunkt den Kindern den ganzen Inhalt ihres Sparkontos übergeben (es sei denn, wir wollten ein Haus voller Gummibärchen ...). Bevor wir ihnen eine größere Summe anvertrauen, wollen wir ihnen mit kleinen Beträgen den Wert von Geld und Arbeit, Verdienst, Investment und Spenden beibringen, auf eine für sie nachvollziehbare Art. Sobald sie dürfen, werden sie Zeitungen austragen und sich irgendwann ihren Führerschein verdienen. Dann, wenn die Zeit dafür reif ist, werden sie über ihr Konto selbst verfügen können. Darauf steht schon jetzt ihr Name – nicht unserer. Das Geld gehört bereits jetzt ihnen. Aber wir verwalten es, sparen es für sie an. Wir sorgen für ihre Zukunft. Und für ihr Leben heute. Sie bekommen jeden Tag genau das, was sie brauchen – an Kleidung, Nahrung, elterlicher Wärme und Geborgenheit und vielem mehr. Wir setzen uns dafür ein, dass sie keinen Mangel haben.

Sepp wollte nicht mehr abhängig sein. Er wollte nicht werden wie Theo, sein langweiliger Streberbruder. Als das Meeting am Mittwochmorgen vorbei war und die Knechte und Mägde zu ihren jeweiligen Aufgaben entsandt wurden, blieb Sepp bei Vater in der Stube zurück. Er hatte die ganze Besprechung über kein Wort gesagt, sich das ganze Theater spöttisch angeschaut. *Ich halte mich raus. Bin eh gleich weg*, dachte er sich.

„Vater", sagte er schließlich und klang dabei etwas fremd. Erschrocken drehte sich der Vater um und sein Blick ging Sepp wie ein Stich durchs Herz. Sein Vater. Er konnte aber jetzt keinen Rückzieher mehr machen. Sein Entschluss stand fest und er würde seine Meinung nicht mehr ändern. „Ich muss gehen, Vater“, kam es mechanisch aus ihm heraus. „Ich kann hier nicht mehr bleiben.“

„Was?!“, hauchte der Vater fassungslos und setzte sich vorsichtig wieder hin. „Warum denn? Und wohin? Und wann kommst du wieder?“

Es fiel Sepp sichtlich schwer, sich zu erklären; er rang mit sich, konnte Vater nicht mehr anschauen und blickte stattdessen zur Tür. „Du verstehst das nicht, Vater. Es ist mir hier zu eng, ich will mein eigenes Ding machen. Das alles hier ist dein Ding. Ich brauch nur meinen Teil und möchte dann mein Leben leben. Einfach weg von hier. Ich bin nicht Theo.“

Jetzt schaute Vater auf den Boden. Alles war still. Nur sein Herz klopfte laut.

Das waren die letzten Worte, die Vater und Sohn miteinander sprachen. Vater verschwand und kam mit einem schweren Beutel zurück. Sepp erzwang sich ein Lächeln, aber ein „Danke“ wäre fehl am Platz gewesen. Er wusste, dass er mit dieser Unabhängigkeit „entsohnt“ worden war. Auf eigenen Wunsch. Er ließ dem Vater keine Wahl. Es war nun so, als gäbe es keinen Vater mehr. Ab jetzt würde es einfach nur noch Sepp geben …

Man kann diese Geschichte natürlich nicht einfach so ins einundzwanzigste Jahrhundert übertragen, wo Unabhängigkeit ein erstrebenswertes, ja, ein „normales" Ziel ist. Die Familienstrukturen, die Arbeitssituation, die ganze Gesellschaft – alles ist komplett anders als zu der Zeit, als Jesus dieses Gleichnis vom Vater und den verlorenen Söhnen erzählt hat. Aber es wäre mir ebenso wie dem Vater in der Geschichte ein Stich ins Herz, wenn meine Kids mit sechzehn den ganzen Inhalt ihres Kontos verlangen und unsere Pläne hinsichtlich ihrer zukünftigen Versorgung in die Tonne werfen würden. „Vertraut ihr uns nicht?", würden wir fragen. „Wir haben uns überlegt, wie wir euch unterstützen können, bis ihr alt genug seid, um auf eigenen Beinen zu stehen. Bis dahin gibt es noch viel zu lernen, und wir wollen den Weg weiter an eurer Seite gehen. Vertraut uns doch, und lasst das Konto unberührt, bis es an der Zeit ist."

Unabhängig sein wollen zum falschen Zeitpunkt ist ein Zeichen für Unreife, Übermut, ja, für Leichtsinn. Denn es fehlt noch die Fähigkeit zur richtigen Einschätzung von Situationen, es mangelt noch an Weisheit, Menschenkenntnis und Lebenserfahrung. Verantwortungsvolle Unabhängigkeit hingegen ist verbunden mit „erwachsenem" Verhalten – mit Besonnenheit,

Voraussicht, dem achtsamen Blick auf die anderen und mich selbst.

Eigenständigkeit, Mündigkeit, Eigenverantwortung – all diese Punkte kann man auch auf den Glauben übertragen – und doch verhält es sich in Sachen Unabhängigkeit hier so ganz anders: Je *reifer* wir werden, umso *abhängiger* machen wir uns von Gott. Wir verstehen immer klarer, dass wir aus uns selbst heraus nur bis zu einem bestimmten Punkt kommen – und nicht weiter. Wir begreifen, dass wir in der Beziehung zu Gott eben gerade nicht autonom sind, sondern „gebunden". Wir möchten nach seinem Willen leben – unsere Feinde lieben lernen, uns jeden Tag neu auf ihn ausrichten und auf das, was wirklich zählt. Wir erkennen aber auch, dass unser Herz uns so schnell ganz andere Wege führen will und dass wir ihn als Richtschnur, Ratgeber und Helfer für unser Leben brauchen.

Ich brauch dich allezeit

Ich brauch dich allezeit,
du gnadenreicher Herr,
dein Name ist mein Hort,
ich fürchte mich nicht mehr.
Ich brauch dich allezeit,
oh Jesus, steh mir bei,
dass ich bis in den Tod
dir bleibe stets getreu.

Ich brauch dich,
oh, ich brauch dich,
Jesus, ja, ich brauch dich,
oh segne mich,
mein Heiland,
ich komm zu dir.

Ich brauch dich allezeit,
in Freude wie in Leid.
Du bist mein Heil, mein Schild,
jetzt und in Ewigkeit.
Ich brauch dich allezeit,
führ du mich, wie du willst.
Ich harre auf dein Wort,
bis du es ganz erfüllst.

Ich brauch dich allezeit,
Herr Jesus, Gottes Sohn,
durch dich erwerb ich
einst des ew'gen Lebens Kron.

Originaltext: „I Need Thee Every Hour" von Annie S. Hawks (1835–1918)
Deutscher Text von Heinrich Ernst Gebhardt (1832–1899)
Musik: Robert Lowry (1826–1899)
A-Bearbeitung: Sefora Nelson/Samuel Jersak

Als die Israeliten damals auf Wüstenwanderung waren und sich bei Mose darüber beschwerten, dass sie doch in der Gefangenschaft in Ägypten „Fleischtöpfe“ und „Brot die Fülle“ hatten (siehe 2. Mose 16,3), lenkte Gott ein – und gab ihnen täglich Honigbrot zu essen. Es kam täglich von Himmel, schon geschmiert und in Häppchen geformt.

Und am Morgen lag Tau rings um das Lager, und als der Tau weg war, siehe, da lag's rund und klein wie Reif auf der Erde. Und als es die Israeliten sahen, sprachen sie untereinander: „Man hu?“ Denn sie wussten nicht, was es war. Mose aber sprach zu ihnen: „Es ist das Brot, das euch der Herr zu essen gegeben hat.“
2. Mose 16,13b–15; LU

Im Lexikon gab es damals noch kein Wort für das, was ihnen da täglich serviert wurde. Die Israeliten hatten diese exquisite Köstlichkeit weder vorher gesehen noch gekostet. Einer Erzählung zufolge soll König Heinrich IV. (1553–1610) zu seiner Hochzeit 1572 Zuckerwaren angeboten haben. Die Kinder sollen daraufhin „bon!“ (französisch: gut) gerufen haben, und als Steigerung „Bon! bon!“, wodurch die Bezeichnung Bonbon entstanden sein soll. So ähnlich war es auch mit diesem Himmelsbrot – man hatte keine Referenz dafür und musste dem „Etwas“ erst einen neuen Namen geben. Es hatte die Farbe von Koriandersamen und den Geschmack von Honigkuchen. Man hat Recherchen angestellt und überlegt, ob dieses Honigbrot, das „Manna“, vielleicht Ausscheidungen von Schildläusen waren, aber das wäre ganz sicher nicht genug für das ganze Volk und auch nicht täglich frisch zu haben gewesen.

Jedenfalls machten sich die Israeliten morgens, bevor die Sonne vom Himmel brannte und das Essen in der Hitze verdarb, auf und sammelten das kostbare Gut vom Boden auf. Für jeden reichte es. (Ob ein paar besonders Neugierige nachts aufgeblieben waren und aus dem Zelt schauten, um das mysteriöse Brot vom Himmel fallen zu sehen?) Jeder sollte – so hatte es Gott höchstpersönlich geboten – nur so viel aufsammeln, wie er zum Essen brauchte, „einen Krug von zweieinhalb Litern für jede Person, die in seinem Zelt lebt“ (2. Mose 16,16; Hfa). Und als man es überprüfte, stellte man fest, dass keiner zu viel und keiner zu wenig hatte. Jeder hatte das bekommen, was er brauchte.

Als Jesus seine Jünger lehrte zu beten: „Gib uns heute unser täglich Brot“, ging es ihm sicher in erster Linie um die materielle Versorgung. Doch es ist interessant, dass er sich offenbar nicht darauf beschränkt, wie die folgende Stelle deutlich macht:

„Wahrlich, wahrlich, ich sage euch: Nicht Mose hat euch das Brot aus dem Himmel gegeben, sondern mein Vater gibt euch das wahrhaftige Brot aus dem Himmel. Denn das Brot Gottes ist der, der aus dem Himmel herabkommt und der Welt das Leben gibt."

Da sprachen sie zum ihm: „Herr, gib uns allezeit dieses Brot."

Jesus sprach zu ihnen: „Ich bin das Brot des Lebens; wer zu mir kommt, wird nicht hungern, und wer an mich glaubt, wird niemals dürsten."

Johannes 6,32–35; LU

Jesus bringt das Manna, das die Israeliten zu essen bekommen hatten, direkt mit sich selbst in Verbindung. Er möchte also, dass nicht nur für unseren Leib, sondern auch für unsere Seele – für uns als ganzen Menschen – gesorgt ist. Er selbst will unseren Lebenshunger stillen, unsere Seele satt machen, und er weiß, dass nichts und niemand anderes dazu in der Lage ist.

Ich will dir danken

Für deinen Tod und für dein Leben,
für deinen Schrei „Es ist vollbracht",
für deinen Sieg, für deine Liebe,
für deine grenzenlose Macht.

Ich will dir danken, Herr,
und dich erheben mehr,
den Namen über allen Namen.
Lob, Dank und Ehre dir,
du gabst dein Leben mir.
Du bist größer noch als alles.

Du bist das Brot, das Brot des Lebens,
mein Hunger ist in dir gestillt.
Du bist das Wort, das Wort des Lebens,
das immer war und immer ist.

Du bist der Weg, du bist die Wahrheit,
zum Vater geht es nur durch dich.
Du bist die Tür, du bist die Freiheit,
aus deiner Hand beschenkst du mich.

Text und Musik: Sefora Nelson

Wir brauchen Gottes Versorgung – jeden Morgen neu. Gott hätte den Israeliten ja auch alle zwei Tage eine doppelte Portion Manna geben können – oder gleich eine Wochenration am Montagmorgen. Was hätten sie sich da an Arbeit gespart! Doch es ging Gott ums *Vertrauen*. Er wollte, dass sein Volk erkannte: „Wir sind von Gott abhängig. Er versorgt uns Tag für Tag."

Genau wie das Volk Israel damals brauchen auch wir jeden Tag neben der Nahrung für unseren Körper auch Nahrung für unsere Seele. Wir brauchen seine Nähe und seine Führung durch sein Wort. Gott selbst hatte den Israeliten damals das Honigbrot zu essen gegeben, weil er ihnen „damit zeigen [wollte], dass der Mensch nicht allein von Brot lebt, sondern vor allem von den Worten des Herrn" (5. Mose 8,3 Hfa).

Er möchte, dass wir ihm vertrauen, dass er uns täglich das schenkt, was wir zum Leben brauchen. Natürlich lässt er uns die gebratenen Hühnchen nicht einfach in den Mund fliegen. Wir müssen uns unsere Lebensmittel mit verdientem Geld kaufen und sie zubereiten. Auch die Israeliten mussten das Manna selbst aufsammeln, und zwar in der Morgendämmerung. Hätten sie bis Mittag ausgeschlafen, wäre es weggeschmolzen.

Und so wie mit dem Essen ist es auch mit unserer

geistlichen Nahrung: Sie steht nicht automatisch mundgerecht zubereitet vor mir auf dem Tisch. Gottes Wort steht mir zur Verfügung, ja, aber wenn ich mir die geistliche Nahrung nicht hole – beim Lesen der Bibel, im Nachdenken darüber, in Form von Predigten oder Andachten –, habe ich nichts davon.

Gott versorgt mich, aber er überträgt mir gleichzeitig in dieser Sache auch eigene Verantwortung. Ich bin von Gott abhängig, aber er möchte nicht, dass ich passiv bin, sondern mein Leben und meine Beziehung zu ihm gestalte. Das möchte ich mir immer wieder bewusst machen, wenn ich bete: „Unser täglich Brot gib uns heute."

Wie könnte es konkret aussehen, mich jeden Tag aufs Neue von Gott versorgen zu lassen? Kann es sein, dass mein Krug erst einmal geleert werden muss – dass ich all das, was aus anderen Quellen fließt und womit ich mich versorgen will, abgeben muss –, damit ich mich neu von ihm füllen lassen kann?

Vergib uns unsere Schuld

Von der Vatersehnsucht und dem Weg zurück

Das Leben war noch besser, als Sepp es sich vorgestellt hatte. Einen Sack voll Geld, keine Verantwortung, das war Freiheit! Außerdem hat er nun endlich das Ansehen, das er immer begehrt hatte. Jetzt ist er nicht mehr der kleine Sepp, der kleine Bruder von Theo. Nun wird geklatscht und laut sein Name gerufen, wenn er eine Taverne betritt. „Sepp, hierher, setz dich zu uns!" Er fühlt sich erhaben und mächtig, wenn er für alle eine Runde ausgibt. Von den Frauen kann er sich die Schönsten aussuchen und wird als Held gefeiert. Der Spaß und der Alkohol betäuben Sepps Schmerz und lenken ihn erfolgreich ab, wenn er wieder Vaters Augen vor sich sieht. *Wie muss ich ihm das Herz gebrochen haben. Wie es ihm wohl geht, jetzt, wo ich nicht mehr da bin? Ach, vergiss sie alle.* „Herr Ober, noch ein Glas bitte!" Noch ein wenig tanzen, lachen und seine Freunde unterhalten. Nachts, wenn alle Lichter erloschen sind und das letzte Lachen verstummt ist, kommen sie wieder, diese Bilder. Er kann Vaters Stimme hören und sie durchfährt seinen ganzen Körper. Er, der Sohn, hatte ihn mit seiner Forderung, das Erbe auszuzahlen, für tot erklärt. „Für mich bist du gestorben", so musste es beim Vater angekommen sein. Doch wenn er tot war, wieso war er dann noch so präsent in Sepps Gedanken? Er muss sich einfach weiter ablenken, die Zeit würde die Wunde schon heilen.

Doch Sepps neue Welt, in der er Freiheit und Anerkennung genießt, verändert sich unerbittlich. Längst kann er nicht mehr alles kaufen, manche Artikel sind inzwischen komplett von der Bildfläche verschwunden. Das Mehl ist im Preis gestiegen, die Gesichter der Menschen schauen besorgt. Einige seiner Kumpels müssen seit einiger Zeit schon mehr Stunden arbeiten, um die Familie versorgen zu können, und kommen nicht mehr zum Trinken. Bald kann es keiner mehr leugnen – eine Hungersnot bricht herein. *Ich muss Arbeit finden*, denkt Sepp verzweifelt, *bevor es zu spät ist.* Er fragt bei verschiedenen Höfen an. In der Vergangenheit hat er auf der anderen Seite des Tisches gesessen – und selbst Bewerbungsgespräche geführt. Noch nie in seinem Leben musste er sich für eine Arbeit bewerben. Jetzt hatte *er* die kalten, schweißnassen Hände und stotterte beim Beantworten der einfachsten Fragen. Aber jetzt, angesichts der Hungersnot, ging zum Glück alles recht schnell und informell. „Wir haben leider keinen Bedarf, es tut uns leid", sagte der Landwirt schroff.

Sepp hatte eine Absage bekommen. Er, der Juniorchef, der Held! Er muss einfach weiterfragen. Sicher hat irgendwo jemand Bedarf für einen so qualifizierten jungen Mann, der selbst einen Hof mitgeleitet hatte. Er könnte doch genau das tun, was er bei seinem Vater getan hatte! *Vater* – da war es wieder. Wenn er jetzt seinen Sepp so sehen könnte … Sein Geldsack hing leer und schlaff an seinem Gürtel. Sepp musste wieder auf die Beine kommen, und er würde jede Arbeit nehmen!

Die nächste Demütigung lässt nicht lange auf sich warten: „Keinen Bedarf … vielen Dank für Ihre Zeit. Warten Sie … außer bei den Schweinen vielleicht, da könnte man Sie einsetzen. Wenn Sie sich nicht zu schade dafür sind?" Der Bauer lächelt zynisch.

Sepp bleibt wie angewurzelt stehen. War das eben ein Arbeitsangebot? „Ich nehme es an, vielen Dank", antwortete er freudig.

Der Landwirt schaut sich seinen Bewerber noch mal genau an und scheint etwas verwirrt zu sein. „Kommen Sie, ich zeige Ihnen Ihre neue Arbeitsstelle".

Sie laufen an den offen stehenden, fast leeren Scheunen vorbei in eine kleine Talsenke hinab. Die Felder sind karg und der Boden ist ausgetrocknet. *Kein gutes Zeichen*, denkt Sepp, und vor seinem inneren Auge entsteht das Bild vom Hof seines Vaters. Wie es dort nur so wuselte von Knechten und Mägden, Rindern und Schafen! Und wie köstlich es roch, wenn ein Lamm gebraten wurde … Wie es ihnen jetzt wohl ging?

„Hier!", schreckt ihn der Bauer aus seinen Gedanken auf, „hier dürfen Sie arbeiten."

Sie stehen nun direkt vor dem Schweinestall. Liebe Güte, was ist das nur für ein Gestank! Sepp macht einen großen Schritt zurück und verliert fast das Gleichgewicht. Der Bauer lacht. „Das sind unsere Säue, jawohl! Sie haben wahrscheinlich noch nie welche aus der Nähe gesehen, nehme ich an?"

Sepp starrt fassungslos auf die Schweine. Für ihn als Jude sind das doch unreine Tiere, die strikt gemieden werden mussten! Daran hatte er vorhin überhaupt nicht gedacht in seiner Verzweiflung …

„Das Futter ist hier." Der Bauer zeigt auf einen großen Bottich in der Ecke. „Dreimal täglich einen Trog voll dürfte gut reichen. Seien Sie sparsam, es sind harte Zeiten!"

Noch lange nachdem der Bauer gegangen ist, steht Sepp regungslos da. Eine gefühlte Ewigkeit später setzt er sich leise auf den Boden und lehnt sich vorsichtig an einen Holzpfahl. „Wie in aller Welt bin ich hier bloß gelandet?", fragt er sich immer wieder. Irgendwann müssen ihm die Augen zugefallen sein, denn auf einmal schreckt er auf. Das Knurren seines Magens ist nicht mehr auszuhalten. Zeit, wieder den Trog zu füllen, und die Schweine freuen sich. „Ihr habt's gut! Werdet versorgt, habt zu essen, seid geschützt. Bleibt, wo ihr seid, und macht keine so dummen Sachen wie ich, hört ihr?" Ach, könnte er doch auch ein wenig von diesem Futter haben! Noch nie in seinem Leben war er so hungrig gewesen. *Die Knechte auf Vaters Hof haben es definitiv besser als ich. Die Misere habe ich mir selbst eingebrockt. Jetzt kann ich nie wieder dorthin zurück, wo ich eigentlich hingehöre. Habe den Vater für tot erklärt, bin also auch nicht mehr sein Sohn.*

Sein ganzes Geld hatte Sepp in den vergangenen Monaten verprasst … Jetzt kommen ihm die Tränen. „Ich habe nichts mehr“, flüstert er, als er sieht, wie sich die Schweine über das Essen hermachen, „… außer Hunger. Ich will nach Hause, nach Hause zu Vater …“

Home get ready

This is not my town, this is not my language
This is not my future, it's not home
I know I have been living this way for far too long
I know that I've been living in a place
that's not my own

Home get ready, I am coming
I am running home
I don't belong here and all that's in me
Is getting ready for home

This is not my colour, this is not my picture
This is not my vision, it's not home
This is not my word, this is not my sentence
This is not my story, it's not home

Und Sepp geht tatsächlich nach Hause. Den ganzen langen Weg. Vorbei an den Dörfern und Brunnen, die er auf dem Weg in seine vermeintliche Freiheit gesehen hatte. Oh, wie anders war jetzt alles! Die Sehnsucht nach Freiheit hatte ihn vom Vater fortgezogen. Jetzt ist es die Sehnsucht nach seinem Zuhause, nach Essen, Sicherheit und Frieden mit Vater, die ihn zielstrebig den Rückweg gehen lässt. Stolz war er gegangen, nun macht sich Reue in ihm breit. Und immer wieder murmelt er die Worte vor sich her, die er Vater sagen würde, wenn er jemals zu Hause ankommen sollte.

Vater, ich habe gesündigt gegen den Himmel und vor dir und bin hinfort nicht mehr wert, dass ich dein Sohn heiße; mache mich zu einem deiner Tagelöhner!
Lukas 15,18b–19; LU

Würde Vater überhaupt mit ihm reden wollen? Was würde Theo sagen? Würden sie ihn überhaupt reinlassen? Wenn er je das Glück haben sollte, einer von Vaters Knechten zu werden, welche Arbeit würde er dann tun? Wer hatte inzwischen seinen Job als Juniorchef übernommen? Doch was ihn dann tatsächlich zu Hause erwartet, hätte Sepp nie zu träumen gewagt.

Als er sich dem Dorf nähert und von Weitem die heimischen Felder und den Hof sieht, brennt ihm das Herz. Oh wie elend er sich fühlt … Wie dumm war er nur gewesen! Mitten in seinem Schmerz, der jetzt, als sein Zuhause sichtbar vor ihm steht, fast nicht zu ertragen ist, spürt er auch etwas in sich, was er noch nie gefühlt hatte: eine nicht zu beschreibende Freude auf zu Hause. Sollen sie ihn ruhig den kleinen Sepp nennen oder „Sepp der Depp", egal! Sein einziger Wunsch ist der, dort zu sein, wo Vater ist. Auch wenn es wohl nicht möglich sein wird, wieder sein Sohn zu sein … Doch tief in seinem Herzen sehnt er sich nach Versöhnung.

Als Sepp immer näher kommt, sieht er an den Feldern, dass man auch hier keine einfache Zeit gehabt hatte. Aber hier war wenigstens alles grün. Die Arbeiter bringen gerade die Ernte ein, auch die Weinernte ist voll im Gange. Er kneift die Augen zusammen – kann er da jemanden erkennen? Sein Herz klopft mit jedem Schritt intensiver, er hört die Kühe und die Lämmer, als er dem Hof schon ganz nahe ist.

Dann sieht er aus einiger Entfernung jemanden auf der Straße entgegenkommen. Es ist kein Arbeiter, er läuft anders und ist gut gekleidet. Wohin er wohl will? Er läuft wie … wie Vater!

Vater!!! Er ist es.

Nun läuft der alte Mann schneller, rennt schon fast. Aber nicht so, als würde er einen Knecht bestrafen wollen; sein Gang ist weich und doch fest. So, als hätte er für einen Moment vergessen, wer er eigentlich ist, lupft er plötzlich sein Kleid und rennt wie ein Kind.

Sepp kommen auf der Stelle die Tränen, doch er kann weder rennen noch laufen. Er bleibt wie angewurzelt stehen. Es ist, als würden ihn seine Beine daran erinnern, dass er Vater nicht unter die Augen kommen darf, nach all dem, was er ihm angetan hatte. Beim Anblick seines Vaters realisiert er auf einmal, wie arm und zerlumpt er ist: eine jämmerliche, stinkende Gestalt. Wenn Vater ihn von Nahem sieht, wird er bestimmt gleich wegrennen … Sepp bleibt schluchzend stehen, er kann es nicht länger ertragen, seinen Vater zu sehen. Da war es wieder, dieses Gefühl von Unwürdigkeit, vermischt mit einer undefinierbaren Freude. Aber sie konnte nicht frei fließen, denn seine Scham und seine Schuld waren übermächtig.

Vater stößt vor Freude einen lauten Schrei aus und fällt ihm um den Hals. Sepp hat mit seinen schmutzigen Händen sein schmutziges Gesicht verdeckt. Er kann sich nicht in die Augen sehen lassen. Vor lauter Aufregung hat er die Worte, die er Vater sagen will, vergessen.

„Mein Sohn, mein Sohn“, schluchzt Vater, und sein schwaches Herz droht zu zerspringen. Sepp fällt vor seinem Vater auf die Knie und kann ebenfalls nur noch schluchzen: „Vergib mir, vergib mir!“

Vergeben

Versagt, schon wieder versagt,
und ich sagte doch: Ich tu's nicht mehr!
Ich hatte mich doch schon so gut im Griff,
doch irgendwas ging schief,
und ich hab noch mal versagt.
Nun steh ich voller Scham in deinem Licht,
seh dein Gesicht, und mein ganzer Stolz zerbricht.

Vergib mir, vergib mir,
vergib mir noch einmal.

Ich hab versagt, doch ich steh auf,
ich hoffe sehr, es war das letzte Mal.
Du sagst, du gibst mir die Kraft,
die ich jetzt brauch,
an dieser Hoffnung halt ich fest
und stehe wieder auf.

Ich bin schwach,
doch meine Stärke kommt von dir.
Ich geb nicht auf,
denn deine Kraft, sie lebt in mir.

Vergeben, mir ist vergeben,
ich bin bedingungslos geliebt.

Originaltitel: Forgiven
Text und Musik: Sefora Nelson
dt. Text: Arne Kopfermann, Sefora Nelson

Sepps Vater vergibt ihm nicht nur, nein, er darf sogar wieder sein Sohn sein! Sofort lässt Vater einen Ochsen schlachten und Musiker kommen, gibt ihm den besten Anzug und sogar einen Siegelring. Die Freude des Vaters ist grenzenlos. Als Sepp sich gewaschen und gegessen hat und fein gekleidet mitten durch die feiernde Gesellschaft läuft, findet er auf einmal einen Namen für dieses Gefühl: Gnade. Ihm ist vergeben worden, er ist wieder Sohn! Und das allein aus Gnade. Auf dem Hof des Vaters gehört ihm eigentlich gar nichts mehr. Er hatte sich die neue Kleidung und das Essen und erst recht seinen Status durch nichts verdient. Dadurch, dass er alles verprasst hat, hatte er alle Rechte verloren. Es war alles Gnade. Reine Gnade.

Im Grunde sind wir dem Sepp, dem Sohn in der Geschichte, ähnlicher als wir denken. Wir haben vielleicht kein Vermögen verprasst, aber auch wir laufen immer wieder vom Vater weg – von Gott weg. Der Vater in dem Gleichnis vom verlorenen Sohn steht ja für Gott. Er hat das Beste für uns im Sinn, aber wir wollen immer wieder unser eigenes Ding machen. Wir glauben manchmal, ohne den Vater sehr gut – und viel besser – zurechtkommen zu können. Dann trennen wir uns selbst von den Leben spendenden Wurzeln ab. Aber irgendwann merken wir dann, dass wir vertrocknet sind. Uns in Schuld verstrickt haben. Dass wir Gott durch unser Verhalten für tot erklärt haben.

Ob es ein Zurück ins Vaterhaus Gottes gibt? Das Gleichnis, das Jesus in Lukas 15 erzählt, macht deutlich, wie grenzenlos Gottes Liebe zu uns ist. Nichts kann uns je von dieser Liebe trennen. Die Tür zur Versöhnung mit ihm steht uns jederzeit offen – wir müssen uns nur aufmachen, umkehren und zum Vater zurücklaufen. Die Vaterunser-Bitte „Vergib uns unsere Schuld" erinnert uns daran, dass wir immer wieder an Gott schuldig werden – immer wieder von ihm weglaufen – und daher immer wieder neu Vergebung unserer Schuld brauchen.

Bin ich bereit, mich wieder mit Gott zu versöhnen? Ihn um Vergebung zu bitten? Weil Jesus für meine Sünde bezahlt hat, ist alles bereit: „Wenn wir aber unsre Sünden bekennen, so ist er treu und gerecht, dass er uns die Sünden vergibt und reinigt uns von aller Ungerechtigkeit" (1. Johannes 1,9; LU). Die Barmherzigkeit Gottes ist allezeit bereit, mich mit offenen Armen zu empfangen.

… wie auch wir vergeben unseren Schuldigern

Von der Willkommensparty und dem herausfordernden Praxistest

Freude liegt in der Luft. Es riecht nach gegrilltem Fleisch, die Musiker spielen ausgelassen, und im Hof wird getanzt. Homecoming-Party. Der verlorene Sepp ist wieder da, und Vater kommt aus dem Lächeln gar nicht mehr raus. Alle freuen sich mit ihm. Wie lange hatten sie ihn nicht mehr so froh gesehen!

Theo ist noch auf dem Feld und hat auch nicht vor, heute früher auszustempeln. Eben hat er einen Knecht zum Hof geschickt, um herauszufinden, was es mit der

Musik und dem lauten Lachen auf sich hat. Und er kann es nicht fassen, was er da hört. Die Party wird für seinen Streunerbruder Sepp geschmissen. Für Sepp! Nicht zu fassen! Er ist also wiedergekommen. Mit welcher Geschichte er Vater dieses Mal Honig um den Mund geschmiert hat, will er gar nicht wissen. Armer Vater, dass er sich so von Sepp ausnutzen lässt! Nachdem die Knechte der Einladung von Vater fröhlich gefolgt sind, bleibt Theo allein auf dem Feld. Er hat nichts zu feiern. Wut steigt in ihm auf, und er stößt zähneknirschend die Hacke in den Boden. Wieder und wieder. Er kann diesen Typ einfach nicht ausstehen. Was er sich leistet, das würde ihm selbst im Traum nicht in den Sinn kommen.

Vaters Augen blitzen im Fackelschein, als er auf der Suche nach seinem Großen durch die Festgesellschaft schreitet. Haben sie vergessen, ihn zu rufen? Er wird doch wohl nicht auf dem Feld geblieben sein? Heute wird gefeiert, und zwar zusammen! „Er kommt nicht", sagt der junge, aufmerksame Knecht, der Vater beobachtet hat. „Herr Theo ist sehr sauer und wird nicht mitfeiern."

Auf einmal klingt für Vater die Musik nicht mehr heiter, sondern nur noch schrill, die tanzenden Menschen wirken auf ihn nicht mehr fröhlich, und das Fleisch schmeckt ihm plötzlich auch nicht mehr. Theo kommt nicht!?

Schnellen Schrittes verlässt er die Party und geht aufs Feld. Da ist er, Theo, sein Großer. Irgendwie tut er ihm leid, wie er da steht und ackert. Dabei hat Vater doch allen einen frühen Feierabend gegönnt! „Theo, mein Fleißiger, lass das liegen, die Arbeit ist morgen auch noch da. Komm, freu dich mit mir. Unser Sepp ist wieder da. Kannst du dir vorstellen, wie glücklich ich bin? Die ganze Zeit wusste ich noch nicht mal, ob er noch lebt und wie es ihm geht. Habe täglich gehofft und gebangt um ihn, und jetzt ist er hier! Da musst du als Bruder doch …"

Aber Theo hat kein Lächeln auf dem Gesicht. „Da muss ich, was, Vater?" Grimmig schaut Theo von seiner Arbeit hoch. „Dieser Streuner hat dich gedemütigt, Vater. Er hat dich für tot erklärt, das ganze Geld an Prostituierte und den Alkohol verprasst. Und du erwartest von mir, dass ich Party mache, weil er wieder heimgekommen ist, nachdem ihm das Geld ausgegangen ist?"

Theo und Sepp – eine schwierige Beziehung. Die Beziehung zwischen beiden war noch nie super gewesen, aber von dem Zeitpunkt an, als Sepp sein Erbe verlangt und damit den Vater für tot erklärt hatte, war sein jüngerer Bruder für ihn gestorben. Er wollte nichts mehr mit ihm zu tun haben. Dass er jetzt seine Heimkehr mitfeiern sollte, war eine Zumutung.

Theo sieht nur Sepps Schuld, und die ist für ihn unverzeihbar. Er selbst aber ist sich keiner Schuld bewusst. Er war doch immer da und hat seinen Job gemacht. – Ist das nicht eine typische menschliche Reaktion?

„All diese Jahre habe ich mich für dich abgerackert. Alles habe ich getan, was du von mir verlangt hast. Aber nie hast du mir auch nur eine junge Ziege gegeben, damit ich mit meinen Freunden einmal richtig hätte feiern können.“
Lukas 15,29; Hfa

Theo hielt an Sepps Schuld fest, obwohl sein Vater seinem Jüngsten bereits vergeben hatte. Die Sünde war ausgelöscht worden und hatte der Freude Platz gemacht. Doch Theos Antwort zeigt, dass er mindestens genauso verloren war wie Sepp. Verloren in Bitterkeit, Groll, Hartherzigkeit. Er war zwar nicht von zu Hause davongelaufen wie sein Bruder, aber auch sein Herz hat sich vom Vater entfernt. Die Bitterkeit blockiert sein Inneres für die grenzenlose Vaterliebe Gottes.

Wie befreiend sich Vergebung anfühlt, weiß nur jemand, der es erlebt hat. Über Schuld oder gar Sünde zu reden, ist außer Mode gekommen. Was ist schon Sünde? Alles, was ich erlebt habe, hat mich doch zu der Person gemacht, die ich heute bin. Und, bin ich nicht wunderbar? War doch alles irgendwie richtig. Natürlich hat man schon gelästert oder mal böse Gedanken gehabt, aber muss man dafür um Vergebung bitten? Doch mit einem solchen Verhalten berauben wir uns selbst. Denn in Wahrheit verfehlt jeder von uns hin und wieder das Ziel. Wenn wir das nicht sehen wollen und versuchen, alles in die Schublade „Das ist halt so passiert, dafür kann ich nichts" zu stecken, können wir auch keine Vergebung empfangen. Und dann wissen wir auch nicht, wie sich Vergebung anfühlt – und sind nicht in der Lage, gnädig mit anderen zu sein. Es fällt uns oft so leicht, das zu sehen, was bei anderen schiefläuft; ihre Schuld können wir meist ganz klar benennen. Unseren eigenen „Balken im Auge" sehen wir jedoch nicht. Theo hat sich mit seiner Wut abgetrennt: sowohl von Sepp als auch von seinem Vater. Sepp war in seinen Augen nicht mehr sein Bruder, sondern „dieser dein Sohn". Und der Vater wurde zum Angeklagten, der es versäumt hatte, ihm – dem folgsamen Sohn – auch mal eine Party zu schmeißen.

Kann Selbstgerechtigkeit auch eine Sünde sein? Genau diese Frage hat Jesus aufgegriffen, als er seinen Zuhörern folgende Geschichte erzählte:

„Zwei Männer gingen hinauf in den Tempel, um zu beten. Der eine war ein Pharisäer, der andere ein Zolleinnehmer. Selbstsicher stand der Pharisäer dort und betete: ‚Ich danke dir, Gott, dass ich nicht so bin wie andere Leute: kein Räuber, kein Betrüger, kein Ehebrecher und auch nicht wie dieser Zolleinnehmer da hinten. Ich faste zwei Tage in der Woche und gebe von allen meinen Einkünften den zehnten Teil für dich.' Der Zolleinnehmer dagegen blieb verlegen am Eingang stehen und wagte es nicht einmal aufzusehen. Schuldbewusst betete er: ‚Gott, sei mir gnädig und vergib mir, ich weiß, dass ich ein Sünder bin!' Ihr könnt sicher sein, dieser Mann ging von seiner Schuld befreit nach Hause, nicht aber der Pharisäer. Denn wer sich selbst ehrt, wird gedemütigt werden; aber wer sich selbst erniedrigt, wird geehrt werden."
Lukas 18,10–14; Hfa

Einen Tag nach der Party, so denke ich mir aus, kommt es zur Begegnung zwischen Sepp und Theo:

„Was willst du hier, du Streuner? Wieder Geld? Hattest

etwa noch nicht genug?“ Zornig blickt Theo seinen Bruder an.

„Ach, komm. Sei doch nicht so schlecht gelaunt. Was hab ich dir denn getan?“

„Da fragst du noch? Ganz im Ernst? Was du uns angetan hast? Ich kann’s dir sagen, ich kann’s dir ganz genau sagen! Siehst du meine Hände? Ich hab die ganze Zeit nicht nur meine Arbeit gemacht, nein, ich musste auch deine komplett übernehmen! Fragst du doch tatsächlich, was ich gegen dich habe … Papa war monatelang nicht zu gebrauchen. Hat Gewicht verloren, Meetings abgesagt, die dann jemand anderes übernehmen musste. Ja, rate mal, wer es übernommen hat! Ich! Und warum? Weil *du* dir in den Kopf gesetzt hast, einfach durch die Welt zu spazieren, und alle im Stich gelassen hast. Ich kann es immer noch nicht fassen, dass du Papa all das angetan hast. Er hat gelitten, wochenlang nicht geredet. Du bist zu weich, hab ich ihm gesagt, vergiss Sepp, den Depp, komm und iss was. Nicht einmal mit mir hat er geredet – wegen dir! Alles wegen dir!

Soll ich weitermachen? Wir mussten Anteile verkaufen, und einige Rinder, und jetzt schlachtet Papa eines für dich und veranstaltet eine Party! Ich sag dir mal was: Wäre ich nicht hier gewesen und hätte hinter dir aufgeräumt, hättest du gar kein Zuhause mehr gehabt, in das du wieder heimkommen kannst, wenn dir das Geld ausgegangen ist. Eine Schande bist du! Hast uns fast ruiniert. Und ich soll mich jetzt freuen, dass du wieder da bist?

Sag mir, Sepp, was willst du eigentlich hier? Hast deine Anteile bekommen, uns das Leben schwer gemacht. Was erwartest du? Dass wir einfach wieder alles umstellen wegen dir? Eigentlich gehört dir hier nichts mehr. Kannst dir woanders was mieten. Erwartest du tatsächlich, dass ich früher Feierabend mache, mich fein anziehe, um mich auf deiner Party zum Affen zu machen?“

Sepp muss inzwischen bleich geworden sein, sich gesetzt und kein Wort mehr herausbekommen haben. Er hatte ja irgendwo recht, sein großer Bruder ... Vielleicht hätten sie ihren Konflikt nicht an einem Abend gelöst bekommen. Ich glaube, es wäre auch gut gewesen, wenn Sepp die Initiative ergriffen und das Gespräch mit seinem Bruder gesucht hätte – wenn er versucht hätte, sich in Theo hineinzuversetzen, und ihn um Verzeihung gebeten hätte – nicht nur seinen Vater, sondern eben auch seinen Bruder. Theos Wut kann ich gut nachvollziehen. Und auch sein Unvermögen, seinem Bruder zu verzeihen. Es ist so schwer, in einer solchen Situation gnädig und barmherzig zu sein!

Und doch ist es Gott, unserem Vater, wichtig, dass wir untereinander Frieden haben. Weil Schuld uns trennt – voneinander und von Gott. Vergebung dagegen heilt und verbindet, schenkt Frieden ins Herz und öffnet die Tür für Versöhnung.

Dass wir in unseren Beziehungen versöhnt leben, ist Gott so wichtig, dass er eine Bedingung an seine Vergebung geknüpft hat – eine Bedingung, die es wahrlich in sich hat:

Denn wenn ihr den Menschen ihre Verfehlungen vergebt, so wird euch euer himmlischer Vater auch vergeben. Wenn ihr aber den Menschen nicht vergebt, so wird euch euer Vater eure Verfehlungen auch nicht vergeben.
Matthäus 6,14–15; LU

Auch an anderen Stellen des Neuen Testaments wird betont, wie wichtig es ist, dass wir anderen Menschen ihre Schuld vergeben. In Matthäus 5,23f sagt Jesus, dass es nicht gut ist, mit Unvergebenheit im Herzen vor den Altar Gottes zu kommen. Wenn wir Groll auf jemanden haben, sollen wir erst die Beziehung zu diesem Menschen in Ordnung bringen – und erst dann in die Gegenwart Gottes kommen.

Vergib uns unsere Schuld, wie auch wir vergeben unseren Schuldigern. Diese Vaterunser-Bitte bringt die vertikale und die horizontale Ebene unserer Beziehungen zusammen – die Beziehung zwischen uns und unserem Nächsten und die Beziehung zwischen uns und Gott. Versöhnung mit den Menschen und Versöhnung mit Gott, beides gehört zusammen.

Du weißt erst, wer du bist

Nun hat er sie verlassen,
wer hätte das gedacht!
Ich kann es immer noch nicht fassen
und weiß, das hätt ich nie gemacht.
Sie hat nicht drauf bestanden
und ließ ihn einfach gehen.
Um wahre Liebe muss man doch kämpfen,
ich kann das nicht verstehn.

Doch du weißt erst, wer du bist,
wenn du auf Widerstände triffst,
und dein Gesicht wird sich erst zeigen,
wenn du selbst die Entscheidung triffst.
Ja, du weißt erst, wer du bist,
wenn du selbst die Entscheidung triffst,
dann weißt du, wer du bist.

Die Kinder müssen wählen:
Wo bin ich zu Haus?
Die Versuche sind gescheitert,
und mit der Liebe ist es aus.

Mir wird das nie passieren,
sie haben ja nur an sich gedacht.
Jetzt müssen andere dafür zahlen,
Mensch, was haben sie gemacht?

Leichter ist es immer, den Test
nur theoretisch zu bestehn,
so leicht gesagt, so schwer getan,
wird man es eines Tages sehn?

Entscheidung (Du weißt erst, wer du bist)
Text und Musik: Sefora Nelson

Wie verhalte ich mich in Konflikten? Es ist leichter, mit dem Finger auf andere zu zeigen, als mich selbst anzuschauen und bereit zu sein zu vergeben. Aber ich weiß: Ohne Vergebung sind keine tiefen Beziehungen möglich. Wenn ich anderen nicht vergebe, leide ich, trage ich eine Last mit mir herum. Und Gott leidet mit. Wenn ich mir meine Schuld von Gott nicht vergeben lasse, leide ich ebenfalls. Und meine Beziehung zu ihm.

Die vertikale und die horizontale Dimension unserer Beziehungen sind untrennbar miteinander verbunden. Weil Gott mir vergeben und alles am Kreuz getragen hat, habe ich eine Grundlage bekommen, anderen zu vergeben. Aber ich muss zugeben: Der „Praxistest" ist und bleibt eine Herausforderung für mich.

Welche Menschen kommen Ihnen beim Lesen dieses Kapitels in den Sinn? Machen Sie eine Liste. Überlegen Sie nicht, wie oder wann Sie vergeben möchten, schreiben Sie einfach erst einmal die Namen auf, die Ihnen einfallen.

Während ich dies hier schreibe, tue ich das Gleiche. Und bin geradezu schockiert darüber, dass ich mit einigen Menschen, deren Namen ich eben notiert habe, schon viele Jahre lang nichts mehr zu tun hatte. Den Konflikt, den ich mit ihnen hatte, trage ich noch immer in mir. Es ist einfach noch nicht gut. Ich kann diesen Menschen nicht frei begegnen, halte die Ungerechtigkeit wie ein Schild zwischen uns. Ich kann ganz genau erzählen, was nicht richtig gelaufen ist, und fühle die Ungerechtigkeit in mir hochkommen … Ich stelle mir vor, wie es wäre, frei davon zu sein. Wie es wäre, wenn es in allen meinen Beziehungen wieder frei fließen könnte –, zwischen Menschen, Gott und mir. Er ist ja schließlich nicht nur *mein* Vater, sondern *unser* Vater …

Und führe uns nicht in Versuchung, sondern erlöse uns von dem Bösen

Vom unsichtbaren Netz und den drei Donuts

Die Abendsonne scheint durch die großen Bögen und Fenster des Königspalastes und wird von den vornehmen Vasen und dem kristallenen Deckenleuchter im Festsaal reflektiert. Jetzt ist es draußen angenehm, nicht mehr so drückend heiß, nur die Steine geben noch etwas von der Restwärme des Tages ab. Im Palast ist es ruhig. Der König hat gerade seinen ausgedehnten Mittagsschlaf beendet und gönnt sich vor dem Abendessen noch einen kleinen Spaziergang an der frischen Luft. Ach, wie tut es gut, einfach mal nichts zu tun! König David läuft zufrieden die breiten steinernen Treppen zum Dach seines Anwesens hinauf. Seine ehrgeizigen Jahre als Starkrieger hatten natürlich auch ihren Reiz gehabt, aber jetzt, wo sein Reich groß und stark geworden war und im Land weitgehend Frieden herrschte, konnte er seine Leute in den Krieg gegen seine Feinde schicken und selbst zu Hause bleiben. Das würden sie schon ohne ihn schaffen. Er hatte ja gute, loyale Leute. Uria zum Beispiel, seinem Heerführer und zweifellos besten Mann, hatte er hier, direkt neben dem Palast, ein wunderschönes Anwesen bauen lassen. David lehnte zufrieden am warmen Steinvorsprung und schaute nach unten in Urias Garten. Er schien nicht der Einzige zu sein, der die angenehmen Temperaturen und die abendliche Ruhe genoss. Am Pool vor Urias Haus konnte man sanftes Plätschern und kichernde Frauen hören. Dienerinnen schwangen Tücher und liefen um das Becken. Sie schienen ihren Spaß zu haben. Ihre Herrin wollte anscheinend nicht wieder aus dem Wasser heraus. *Liebe Güte, wer war das denn? Bitte bleib im Wasser und dreh dich noch mal.* David traute seinen Augen nicht. Da stand tatsächlich eine Frau splitternackt im kühlen

Nass und wich ihren jungen Helferinnen immer wieder lachend aus. *Lasst sie doch, habt ihr nichts anderes zu tun?*

Wer in aller Welt war diese Schönheit? Wie nur hatte er sie bisher übersehen können? Da drüben, da wohnte doch Uria. Hatte er Besuch? Oder war das etwa seine Frau? Diese Hüften, dieser Charme! Was für eine umwerfende Persönlichkeit! Nun drehte sie sich direkt in Davids Richtung. Der duckte sich schnell und beobachtete sie durch die schmalen Öffnungen in der Balustrade ungesehen weiter; er konnte seine Augen einfach nicht von ihr lassen. Dann begleiteten die Dienerinnen ihre Herrin mit trockenen Tüchern vom Pool zurück ins Haus. *Was habe ich all diese Jahre bloß verpasst?*, dachte sich David, als er sich auf ein weiches Polster fallen ließ und ein paar süße Trauben von einer Rebe zupfte. Diese Frau! Sie hatte es ihm total angetan. Er stellte sich vor, wie sie sich kennenlernen, ließ seiner Fantasie freies Spiel …

Versuchung. Verlockung. Genau an dieser Stelle in der Geschichte ist der König hineingeraten.

Wir alle kennen Momente, in denen wir versucht werden, und wissen, wie schwer es dann ist, die richtige Entscheidung zu treffen. Außerhalb der Versuchung weiß jeder von uns, was zu tun ist, aber wenn wir drinstecken, ist das eine ganz andere Geschichte. Eine Karotte ist gesünder als ein Donut, aber wenn man beides vor sich liegen hat, macht das orangefarbene Hasenfutter wahrlich eine schlechte Figur. In dieser Situation ist klar, wer gewinnt.

Petrus hatte schon immer große Ziele. Für Jesus hätte er alles getan, sogar sein Leben gegeben. Auch nachdem Jesus ihm offenbart hatte, wie der Satan ihn versuchen würde, machte Petrus große Versprechen: „Meister, ich bin bereit, mit dir ins Gefängnis und sogar in den Tod zu gehen!" Aber Jesus antwortet ihm: „Noch ehe der Hahn heute kräht, wirst du dreimal geleugnet haben, dass du mich kennst" (siehe Lukas 22,31–34).

Als Petrus große Worte schwang, wusste Jesus bereits, dass dieser der Versuchung nicht widerstehen würde. Genau deshalb betete er für ihn, betete dafür, dass Petrus seinen Glauben nicht verliert und dass er später den Mut und die Kraft finden würde, seine Glaubensbrüder und -schwestern zu stärken.

Als Petrus den Hahn krähen hörte, weinte er bitterlich. Er wollte doch so stark sein und hatte nun kläglich versagt. Doch Jesu Gebet für seinen Team-Käpt'n wurde erhört: Petrus bat später um Vergebung für sein Versagen und war in seiner neuen Demut stärker als je zuvor.

Was heißt es eigentlich, wenn wir beten: „Und führe uns nicht in Versuchung"? Hört sich dieser Satz nicht ein bisschen an wie: „Sei bitte nicht gemein und stelle mir kein Bein"? Diese fünfte Vaterunser-Bitte hat schon viele Theologen an ihre Grenzen gebracht. Einige sagen: Unser himmlischer Vater kann doch niemanden in Versuchung führen, das gibt doch ein völlig falsches Bild von Gott ab! Aus demselben Gedanken heraus hat Papst Franziskus in einem Interview dafür plädiert, diese Stelle besser mit „Und lass uns nicht in Versuchung geraten" zu übersetzen. Diese Formulierung wurde in Frankreich und in der Schweiz bereits eingeführt.

Wie ist das nun – versucht uns Gott? Der Jakobusbrief gibt uns hier Aufschluss:

Niemand, der in Versuchung gerät, kann behaupten: „Diese Versuchung kommt von Gott." Denn Gott kann nicht vom Bösen verführt werden, und er verführt auch niemanden zum Bösen. Es sind vielmehr unsere eigenen selbstsüchtigen Wünsche, die uns immer wieder zum Bösen verlocken. Geben wir ihnen nach, dann haben wir das Böse empfangen und bringen die Sünde zur Welt. Sie aber führt unweigerlich zum Tod. Lasst euch also nichts vormachen, liebe Brüder und Schwestern! Alles, was Gott uns gibt, ist

gut und vollkommen. Er, der Vater des Lichts, ändert sich nicht; niemals wechseln bei ihm Licht und Finsternis.
Jakobus 1,13–17; Hfa

Uff. Gut, dass wir das geklärt haben. Wir müssen, wenn Gott uns einen Apfel schenkt, nicht befürchten, dass ein Wurm darin versteckt ist. Nein. Gott ist gut. Er gibt vollkommene Geschenke. Er stellt niemandem ein Bein oder eine Falle. Er kann noch nicht mal selbst versucht werden.

„Periasmos" ist das griechische Wort, das für unseren deutschen Begriff „Versuchung" benutzt wird, und steht gleichermaßen für „Versuchung", „Prüfung" und „Anfechtung" wie auch für „Verlockung".

Ich stelle mir ein großes Spinnennetz vor. Die Abstände zwischen den feinen Fäden sind eng, und wenn man die klebrigen Fäden einmal am Körper spürt, ist es fast unmöglich zu entkommen. Das Ziel der Spinne ist, ihr Opfer zu fangen, zu fesseln. Manchmal hat sie Glück – Judas hat angebissen. Er hatte Jesus verraten, dann aber, als er merkte, dass er einen großen Fehler begangen hat, sich selbst zu befreien versucht und sich damit umso mehr verfangen in seiner Schuld. Schlussendlich hatte er aufgegeben. Ein Punkt für die Spinne.

Bei Petrus dachte die Spinne zunächst auch, ihr Opfer sei ihr sicher, denn auch er ging ihr direkt ins Netz. Doch anstatt sich selbst befreien zu wollen, bittet Petrus Gott um Hilfe, indem er zu Jesus zurückkehrt. Er empfängt Vergebung und kommt so frei.

Unser himmlischer Vater spinnt keine Netze, um uns zu fangen, das ist die Arbeit des Feindes. Der Apostel Petrus warnt uns: „Seid nüchtern und wachsam! Euer Widersacher, der Teufel, geht wie ein brüllender Löwe umher und sucht, wen er verschlingen kann!" (Petrus 5,8; LU). Aber Gott prüft uns, damit wir reifen. Keiner von uns mag Prüfungen, doch sie sind notwendig, um weiterzukommen. Wir wollen ja irgendwann in die nächste Klasse versetzt werden … Die Prüfungen, die Gott uns auferlegt, haben folgende drei Merkmale:

1. Sie sind eine Herausforderung. Wären sie das nicht, dann wäre es auch keine Prüfung.
2. Sie sind nie schwerer, als wir mit Gottes Hilfe meistern können. „Bisher hat euch nur menschliche Versuchung getroffen. Aber Gott ist treu, der euch nicht versuchen lässt über eure Kraft, sondern macht, dass die Versuchung so ein Ende nimmt, dass ihr's ertragen könnt" (1. Korinther 10,13; LU).

3. Sie dienen unserer Reife im Glauben. „Betrachtet es als besonderen Grund zur Freude, wenn euer Glaube immer wieder hart auf die Probe gestellt wird. Ihr wisst doch, dass er durch solche Bewährungsproben fest und unerschütterlich wird. Diese Standhaftigkeit soll in eurem ganzen Leben ihre Wirkung entfalten, damit ihr in jeder Beziehung zu reifen und tadellosen Christen werdet, denen es an nichts mehr fehlt (Jakobus 1,2–4; Hfa).

Gleich nach seiner Taufe wurde Jesus vom Heiligen Geist in die Wüste geführt. Dort rieb sich Satan schon hämisch die Hände, drei ausgeklügelte Versuchungen hatte er für den Sohn Gottes parat. Er hoffte, gleich zu Beginn von Jesu Wirken auf der Erde das beginnende Reich Gottes im Keim ersticken zu können. Der Heilige Geist war nicht überrascht, Satan im Staub der Wüste zu sehen. Und aus genau diesem Grund hat er Gott-Vater auch nicht per Funk alarmiert: „Achtung, Feind vor Ort! Bitte alles zurück, Planänderung!“ Nein. Der Heilige Geist hatte alles im Blick, und trotzdem schickte er Jesus genau dahin, wo der Feind drei große Netze gespannt hatte.

Kann Gott uns also doch in eine Versuchung schicken? Ja, das kann er. Aber sein Ziel dabei ist immer, dass unser Glaube reift und unerschütterlicher wird. Das Ziel des Feindes ist stets, uns zu zerstören. Er will, dass wir aufgeben. Unser himmlischer Vater jedoch verlockt uns nicht zum Sündigen, sondern möchte, dass wir am Glauben festhalten und im Vertrauen zu ihm stark werden.

Hiob hatte die Prüfung bestanden. Es war eine äußerst harte Prüfung. Seine Kinder waren alle gestorben, all sein Hab und Gut war ihm genommen worden, auch seine Gesundheit, und seine Ehe glich einem Trümmerhaufen. Hätte Hiob es „als Grund zur Freude" betrachten sollen, dass sein Glaube so hart getestet wurde, wie Jakobus in Kapitel 1, Vers 2 rät? Ich weiß es ehrlich gesagt nicht. Aber ich finde es beeindruckend, dass Hiob sich in keinem Moment von Gott losgesagt hat. Satan musste mit eingezogenem Schwanz das Weite suchen. Er hatte die Wette gegen Gott verloren: Selbst in seiner finstersten Stunde hatte Hiob Gott nicht verflucht, wie der Widersacher es erhofft hatte.

König David hatte der Verlockung nicht widerstanden. Er hatte die fremde Schönheit in den Palast bestellt und mit ihr geschlafen, obwohl er wusste, dass sie die Ehefrau seines besten Mannes war. Einige Zeit später ließ die schöne Batseba David ausrichten, dass sie schwanger sei. Von ihm! Anstatt dass David nun zur Einsicht kam und Gott um Vergebung bat, versuchte er, sich mit Tricks selbst aus dem Netz zu befreien – verhedderte sich jedoch immer mehr darin. Als ihm auch der Versuch, Uria von der Front nach Hause bringen zu lassen, um ihm die Schwangerschaft in die Schuhe zu schieben, misslang, griff er zu den scharfen Waffen und ließ den guten Mann umbringen. Wäre nicht Nathan gekommen und hätte David zur Buße geleitet, wäre David als König nach Gottes Herzen endgültig gescheitert. Aber ihm wurde vergeben, und seiner Geschichte des Glaubens an den himmlischen Hirten wurden noch etliche Kapitel hinzugefügt – die schrecklichen Narben der Versuchung, der er nicht widerstanden hatte, trug er dennoch sein Leben lang mit sich.

Ach, wenn wir uns doch inmitten unserer Versuchungen und Prüfungen daran erinnern würden, wer unser Feind ist! Wenn wir hinter den Streitereien mit dem Ehepartner, der Nachbarin, den Kindern, dem Vorgesetzten das unsichtbare Netz des Feindes erkennen würden, das er gespannt hat, um uns von Gott und voneinander zu trennen, dann würden wir anders kämpfen!

Denn wir kämpfen nicht gegen Menschen, sondern gegen Mächte und Gewalten des Bösen, die über diese gottlose

Welt herrschen und im Unsichtbaren ihr unheilvolles Wesen treiben. Darum nehmt all die Waffen, die Gott euch gibt! Nur gut gerüstet könnt ihr den Mächten des Bösen widerstehen, wenn es zum Kampf kommt. Nur so könnt ihr das Feld behaupten und den Sieg erringen.
Epheser 6,12–13; Hfa

Dennoch werden wir nicht jeder Versuchung widerstehen. Das hat nur Jesus geschafft. Wie David und wie Petrus werden auch wir im Laufe unseres Lebens immer wieder das Ziel verfehlen und dafür die Konsequenzen tragen müssen. Wenn wir uns im Netz des Feindes wiederfinden, dann lasst uns jedoch nicht versuchen, uns selbst zu befreien, denn dann verstricken wir uns nur noch mehr, sondern lasst uns zum Vater umkehren. Wenn wir in die Nähe Gottes treten, dann wird der Feind vor uns fliehen (siehe Jakobus 4,7–8).

Das Leben mit Gott ist kein Sonntagsspaziergang. Ich muss wachsam sein, denn der Feind will mir unsichtbare Netze stricken und versuchen, mich zu Fall zu bringen. Da ich meine Kräfte leicht überschätze, darf ich beten, dass ich nicht in eine Situation gerate, in der ich mich von Gott lossage: „Führe mich, Herr, damit ich mich nicht im Netz verstricke, sondern immer wieder den Weg zu dir zurückfinde."

Denn dein ist das Reich und die Kraft und die Herrlichkeit in Ewigkeit

Von der Einladung zum Ingwertee und dem großen Schreibtisch in der Anwaltskanzlei

Fast alle Frauen lieben Massage. (Manche Männer auch.) Vor einiger Zeit wollte ich mir mal was ganz besonders Gutes tun und ging auf Empfehlung einer Freundin in eine Thaimassage-Praxis. Bei fernöstlichen Heilverfahren und Wellnessmethoden, die meist eng mit spirituellen Praktiken verflochten sind, bin ich als Christ generell vorsichtig, und wenn ich die Götterstatuen sehe, die mich vor den Eingängen der Schönheitssalons begrüßen, geht mir immer ein Stich durch die Magengegend. Ich stelle mir vor, dass ich beim Übertreten der Türschwelle feindliches Territorium betrete ... *Du sollst keine Götter haben neben mir*, kommt mir spontan in den Sinn. „Ich nehme dich mit, Jesus", bete ich, als ich die Treppen zum Eingang der Massagepraxis hinaufgehe, und freue mich gleichzeitig auf eine Stunde Entspannung, Kneten und Dehnen. Außerdem wollte ich schon immer mal sehen, was es mit meinem Rücken macht, wenn ein kleiner Thailänder darauf herumläuft ...

In einer kleinen Kammer mit Himmelbett wird mir unverzüglich ein warmes Fußbad gemacht. Dann kniet sich ein kleiner Mann vor mich, was mir etwas unangenehm ist. Selten fühle ich mich mit meinen 1,62 Metern groß, aber jetzt realisiere ich, dass ich nicht nur viel größer als der Masseur bin, sondern auch noch eine weiße Hautfarbe habe, und beides zusammen lässt ein ungemütliches Gefühl in mir aufsteigen. Er bearbeitet meine Füße mit einem Peeling, was mich gleichzeitig kitzelt und massiert. „Salz" antwortet er lächelnd auf meine Frage, was die kleinen Körnchen seien.

Wenn man wie dieser Thai-Masseur so geschulte Hände hat, braucht man kein großes Vokabular. Er lächelt – und ich entspanne. *Vielleicht freut er sich ja, dass ich da bin*, rede ich mir ein und stelle fest, dass sich bei mir langsam ein wenig Entspannung einstellt. *Er freut sich bestimmt*, sage ich mir noch einmal, damit ich es auch wirklich glauben kann.

Jetzt soll ich einen ulkig genähten Pyjama anziehen und mich hinlegen, er käme gleich wieder. *Dann ist der Fußmassagemann also auch der „eigentliche" Massagemann*, ahne ich. Meine Hoffnung auf eine „Massagefrau" verblasst. Als er wiederkommt, sagt er mit thailändischem Akzent: „Hinlegen, Augen schließen, entspannen."

„Denkste wohl. Wie eine Eule werde ich ein Auge offen lassen, damit ich dich im Auge behalten kann, junger Mann!" Und ich habe Glück: Es gibt tatsächlich etwas Spannendes zu sehen. Bevor er die einstündige Massage beginnt, hält er kurz inne, faltet die Hände, kniet sich auf das Bett und … betet? Ich bin sprachlos. Es liegt also doch etwas Spirituelles in der Massage. Ich bete ebenfalls leise, und es gelingt mir, die Stunde zu genießen, auch wenn ich nicht hundertprozentig entspannen kann. Nachdem die Stunde vorbei ist, fragt er mich, ob ich mit ihm noch einen Tee trinken wolle. Sehr gerne lässt sich mein wohlgedehntes, nach Duftöl riechendes Ich zum Ingwertee einladen.

„Darf ich Ihnen eine Frage stellen?“, platzt es aus mir heraus, als er die Ingwerwurzel durch das kochende Wasser zieht. „Vor der Massage vorhin – haben Sie da gebetet?“

„Ja!“, sagt er stolz und wiederholt lächelnd: „Gebetet.“

„Darf ich fragen, zu wem?“, forsche ich weiter.

„Zu ihm“, sagt er und zeigt auf eine schwarze kleine Götterfigur, die in der Küchenecke gleich neben der Mikrowelle steht. „Er ist der Erfinder der Massage und heißt … er heißt … ähm.“

Ich kann mir ein Lachen nicht verkneifen. Der Junge macht den ganzen lieben Tag nichts anderes, als nach Salzfußbädern Menschen zu massieren, und jedes Mal betet er kniend zum Massagegott, dessen Namen er vergessen hat.

„Nächstes Mal“, sage ich zu ihm, „beten wir zu meinem Gott, okay?“

Als ich wieder die Treppen hinunter zur Straße laufe, denke ich mir: *Mein Gott hat alle Menschen erfunden und auch den Massagemann, und er kennt jeden einzelnen Namen. Und ich darf ihn „Vater“ nennen!*

Gott ist unser Vater, der gleichzeitig das ganze Universum regiert. Alle Reiche dieser Welt sind für ihn wie ein Windhauch, denn sein Reich ist ewig. Alle Götter und Götzen sind nichtig, weil er der einzig wahre Gott ist. Und allein sein ist alle Macht im Himmel und auf Erden – und gegen ihn kann auch keine metallene Götterstatue vor einem Wellnesstempel etwas ausrichten.

New York 2006. Der große Schreibtisch ist aus dunklem Holz gebaut. Fast zu groß ist er für das eher kleine Büro. Dahinter dekorieren verschiedene Urkunden und Fahnen die Wand. Wir hatten uns extra schick gemacht, Keith und ich. Aber wohl nicht schick genug … Seit Wochen fieberten wir diesem Termin entgegen und warteten schon frühzeitig im Foyer. Hier, in diesem Zimmer werden also die großen Entscheidungen getroffen. Entscheidungen über das weitere Leben vieler Menschen. Immer wieder geht die Türe auf und zu. Kein Wunder, dass hier so viel los ist, es handelt sich ja schließlich auch um den besten Immigrationsanwalt New Yorks. So hat man uns das jedenfalls verkauft.

Wir schütteln dem Herrn, dem Kenner des US-amerikanischen Visarechts, selbstbewusst die Hand, was in den USA weitaus weniger üblich ist als in Deutschland.

Unser Blick bleibt auf seinem Gesicht haften. Ja, er hat Macht. Es ist gut, endlich ein Gesicht zu seinem Namen zu sehen. Jetzt sitzen wir unmittelbar an der Entscheidungsquelle. Wir sind hier wegen Keiths Visum, das er benötigt, um seine neue Stelle als Pastor in Washington anzutreten. Unsere Hoffnung ruht auf Mr S., der mächtig ist und uns daher hoffentlich mit dieser Vorsprache endlich grünes Licht in dieser Sache gibt. Weil er uns sympathisch findet zum Beispiel. Oder weil wir ihn an seine Kinder erinnern. Oder weil er sieht, dass uns ein positiver Entscheid guttun würde, eine Familie, die es langsam leid ist, immer wieder nur zu hören: „Ihr Antrag ist in Bearbeitung." Eigentlich ist es ja ganz bequem so – für ihn. Wenn er nämlich grünes Licht geben würde, müsste er sich ja neue zahlende Mandanten suchen, die er alle paar Monate mit einem Standardsatz ruhig stellen würde, damit die Zahlungen an ihn weiterlaufen. Er müsste wieder neue Leute finden, die seiner Macht vertrauen. Leute, die sich komplett von ihm abhängig machen. Studienkollege Tim hat ja auch durch ihn seine Papiere bekommen, also muss er ja gut sein und sein Handwerk verstehen, nicht wahr?

Unser Plan, Mr S. mit unserer Visite zum Handeln zu bewegen, hat offenbar nicht funktioniert. Heute, mehr als zwölf Jahre später, warten wir noch immer auf einen positiven Bescheid vom dunklen Schreibtisch. Hätte ich doch damals die rote Bluse angezogen …!

Es ist erstaunlich, wie viel Ehrfurcht wir Menschen gegenüber haben. Wie viel Hoffnung wir in deren Hände legen, wie abhängig wir uns von ihnen machen. Und das nur, weil sie in ihrem Reich die Macht haben. Weil sie große Schreibtische haben, mit vielen Akten auf dem Tisch, eine weitreichende Entscheidungsbefugnis und großen Einfluss. Es ist, als ob wir ihnen mit jedem Anruf, jeder Überweisung und jedem Besuch sagen: „Dein ist das Reich. Dein ist die Kraft, dein ist die Herrlichkeit. Du bist hier der, der die Dinge wahrlich bewegen kann. Du hast die Macht dazu."

Wir geben ihnen die Ehre. Dabei kennen sie nicht einmal unseren Namen. Sie können ihn nur sagen, weil sie zwischendurch immer wieder auf den Deckel des Aktenordners schielen. „Frau … Nelson, es ist nun so … Sie müssen verstehen, Frau … Nelson." Ohne Gleitsichtbrille könnten sie nur „Frau … ähm" sagen. Sie haben keine Ahnung, wer wir wirklich sind.

Es ist überhaupt nichts dagegen einzuwenden, Menschen zu ehren. Oder Menschen für ihre Arbeit ihr Honorar zu geben. „So gebt nun jedem, was ihr schuldig seid: Steuer, dem die Steuer gebührt; Zoll, dem der Zoll gebührt; … Ehre, dem die Ehre gebührt“ (Römer 13,7; LU). Aber es ist doch erschreckend, wie viel Macht und Ehre wir Menschen geben, die heute einen Stuhl wärmen und vielleicht schon morgen ihre Kartons zusammenpacken müssen, weil sie ersetzt wurden. Menschen, die uns Papiere unterschreiben oder uns ihre Unterschrift verweigern. Wie oft vergessen wir, dass wir einen Vater im Himmel haben, dem nichts verborgen ist, der das ganze System durchschaut, und der weder Aktenordner noch Adresskarteien braucht, um uns beim Namen zu nennen!

Wenn wir beten: „DEIN ist das Reich, die Kraft und die Herrlichkeit“, dann sprechen wir ihm alle Expertise zu – in jeder Angelegenheit. Er hat nicht nur das Knowhow, sondern auch die Kraft, den Power-Schalter in unserem Leben umzulegen. Ihm sprechen wir die Herrlichkeit zu – dem ewigen Gott, der kein Briefpapier mit glänzenden Initialen und auch kein vergoldetes Klingelschild braucht. Sein Thron ist nicht hölzern, sondern gemacht aus dem Gold des Himmels. Sein Reich ist ewig – und kein stolzes Familienunternehmen der vierten Generation, das irgendwann an die Nachkommen weitergegeben werden wird.

Er war immer der Chef, er ist der Chef und er wird immer der Chef bleiben.

Würde mein Leben anders verlaufen, würde ich anders handeln und mit Problemen gelassener umgehen, wenn ich mir seiner Macht und Größe immer bewusst wäre?

Steh mir vor Augen

Steh mir vor Augen, nur dich will ich sehn.
Herr, deine Wahrheit allein wird bestehn.
Sei du mir nahe, bei Tag und bei Nacht.
Wach oder schlaf ich, hab du auf mich acht.

Präge mein Denken, mein Fühlen, mein Sein.
Ruf mich in deine Gemeinschaft hinein.
Du bist mir Vater, ich bleibe dein Kind.
Wohne in mir, dass stets eines wir sind.

Sei Schutz und Zuflucht mir, Helfer in Not.
Kraft und Geduld gib mir, gnädiger Gott.
Wenn auch in Ängsten der Sturm mich umtost,
schenkt doch dein Wort mir Gewissheit und Trost.

Reichtum und Ehre begehre ich nicht,
bleibst du doch immer mein Heil und mein Licht.
Liebe und Treue, Kraft, Frieden und Ruh,
Hoffnung und Freude, mein Alles bist du.

Herrscher des Himmels, Vollender der Welt,
auf dich ist all mein Vertrauen gestellt.
Trotz aller Nöte – auf dich will ich bauen,
steh mir vor Augen, auf dich will ich schaun.

Irischer Originaltitel: Bí Thusa mo Shúile, Text: Dallan Forgaill, 8. Jh.
Englischer Titel: Be Thou My Vision
Englischer Text: Mary E. Byrne (1880–1931), Eleanor H. Hull (1860–1935)
Deutscher Text: Wolfgang Müller

Musik: Irische Volksmelodie
Bearbeitung: Sefora Nelson

Das, worauf wir schauen, prägt uns. Was wir ansehen, treibt uns genau dorthin. Wem wir Macht zumessen, den lassen wir unser Leben bestimmen.

Lasst uns bei Problemen – die wir unser ganzes Leben lang haben werden – immer wieder auf Jesus sehen; lasst uns auf die Knie fallen vor unserm großen Gott, der nicht nur unseren Namen kennt, sondern sogar jedes Haar auf unserem Kopf gezählt hat. Genau *das* wird unsere Sicht verändern. Wenn wir beten: „Dein ist das Reich und die Kraft und die Herrlichkeit", dann dürfen wir uns daran erinnern, wem wir gehören, wer unser Vater ist und wer die Fäden in unserem Leben in der Hand hat.

Schlusswort

Das genaue Betrachten jeder einzelnen Zeile des Vaterunsers hat meine Sicht auf das „Gebet der Gebete“ komplett verändert. Mit Erschrecken habe ich Stolz in mir entdeckt, und ich spüre den Schmerz meines himmlischen Vaters, wenn ich mich über andere Menschen erhebe.

Ich habe den Eindruck, das ganze Vaterunser ist von feinen, bunten Fäden durchzogen, die am Ende ein Muster ergeben, das sich über mein Leben legt.

Einen Faden würde ich „Demut“ nennen. Im Vaterunser geht es um Gott, um *seine* Ehre, *seine* Fürsorge und Liebe für mich. Demut reinigt meine Sicht auf mich, mein Leben und die Welt, aber vor allem meine Sicht auf *ihn*, der ins Verborgene sieht und Ehrlichkeit liebt. Habe ich nicht einen wunderbaren Vater? Ist er nicht voller Liebe? Und bin ich im Vergleich zu ihm nicht eher klein und kurzsichtig? Ich verrenne mich in meinen eigenen Vorstellungen von einem Leben in Freiheit und dem Wunsch nach Unabhängigkeit und Selbstverwirklichung – und verpasse so den Segen der wahren Kindschaft.

„Versöhnung" ist ein weiterer Faden, der mit dem der „Demut" kunstvoll verwoben ist. Ich darf Kind sein. Ich darf ganz unverdient Vergebung empfangen und diese an meinen Nächsten weitergeben. Ich darf versöhnt leben mit Gott und mit den Menschen. Ich möchte nicht länger hinnehmen, dass Dinge zwischen ihm und mir stehen. Ich möchte mich nicht festbeißen an meiner Schuld, sondern immer wieder umkehren zu ihm. Ich möchte Menschen großzügig vergeben, auch wenn sie nicht darum gebeten haben, und aktiv den Frieden suchen, wo er abhandengekommen ist.

Ein dritter Faden heißt „Vertrauen". Ich möchte darauf vertrauen, dass er mich durch und durch kennt und mich mit allem versorgt, was ich zum Leben brauche. Dass er meinen Lebenshunger, meine tiefsten Sehnsüchte stillt.

Vielleicht ist das Vaterunser eine Gebetsschule, die in erster Linie *uns selbst* dient. Ich glaube, Gott ist es nicht so wichtig, welche Worte wir verwenden, wenn wir mit ihm reden. Sie müssen nicht poliert sein und aneinandergereiht in Reimen vorgetragen werden. Aber das Gebet, das Jesus seine Jünger gelehrt hat, kann uns helfen, unser Herz wieder ganz neu auf ihn und unsere Mitmenschen auszurichten.

Als der verlorene Sohn sich und seine Kleider ansah, glaubte er, nicht mehr Sohn sein zu können. Hätte er doch in genau diesem Augenblick seinen Vater angesehen, der sich ihm voller Liebe zuwenden wollte!

Lasst uns Gott, unseren Vater, anschauen. In seinem Blick finden wir die Sehnsucht nach seinen Kindern. In seinem Blick entdecken wir die Freude über unsere Umkehr und unsere Versöhnung mit ihm. In seinem Blick fühlen wir auch den Schmerz über die Unversöhntheit, die zwischen uns und unseren Mitmenschen steht.

Wenn die Fäden der Demut, des Vertrauens und der Versöhnung in einem Muster verwoben sind und am Ende in der Farbe seiner unermesslichen Vaterliebe getränkt werden, entsteht ein Kunstwerk. Ein neues Kleid. Vielleicht eines wie das, welches Sepp am Ende – zusammen mit dem Siegelring – von seinem Vater bekam.

Eine erneuerte Sicht, Umkehr und Heiligung passieren durch Gebet. Nicht durch auswendig gelernte Worte, sondern durch eine versöhnte Beziehung zweier Freunde, die vertrauensvoll miteinander reden.

Ich möchte meinen Blick nicht mehr von meinem himmlischen Vater abwenden, und ich sehne mich danach, immer mehr zu spüren, was *sein* Herz bewegt.

Ich wünsche Ihnen, dass das Vaterunser auch Ihnen hilft, eine vertrauensvolle Beziehung zu Gott zu suchen, zu finden und zu leben. Wenn Sie es das nächste Mal beten, dürfen Sie sich selbst zusagen: „Er hört mich."

Sefora Nelson

Du bist mein Vater, ich bin gewiss
Mit offenen Armen erwartest du mich
Du rennst mir entgegen, du küsst mein Gesicht
Siehst all den Schmutz an meinen Kleidern nicht

Du hast mir vergeben, ganz unverdient
Hab ich dich nicht vor Kurzem
noch lauthals verhöhnt?
Doch du hast mir vergeben, mich mit dir versöhnt
Mich noch mal ganz neu als dein Kind erwählt.

Der Verlag weist ausdrücklich darauf hin, dass im Text enthaltene externe Links vom Verlag nur bis zum Zeitpunkt der Buchveröffentlichung eingesehen werden konnten. Auf spätere Veränderungen hat der Verlag keinerlei Einfluss. Eine Haftung des Verlags ist daher ausgeschlossen.

1. Auflage März 2019
2. Auflage Dezember 2019
Bestell-Nr. 817545
ISBN: 978-3-95734-545-5

Umschlaggestaltung: Hanni Plato
unter Verwendung von Shutterstock
Lektorat: Verena Keil
Satz: Greiner & Reichel GmbH, Köln
Druck und Verarbeitung: GGP Media GmbH, Pößneck
Printed in Germany

www.gerth.de